초급자를 위한
라이라이 중국어 회화

초급편

초급자를 위한
라이라이 중국어 회화 초급편

저　　자	장연
초판인쇄	2009년 2월 15일
발 행 인	김용부
발 행 처	글로벌문화원
삽　　화	이일선
북디자인	Design Didot 디자인디도
등록번호	제2-407
등록일자	1987년 12월 15일
주　　소	서울시 종로구 관철동 32-7 계원빌딩 8F
전　　화	(02) 725-8282
팩　　스	(02) 753-6969
홈페이지	http://www.globalbooks.co.kr

ISBN 978-89-8233-090-2　04720

＊이 교재의 내용을 사전 허가없이 전재하거나 복재할 경우 법적인 제재를 받게 됨을 알려 드립니다.
＊잘못된 책은 구입하신 서점이나 본사에서 교환해 드립니다.
＊정가는 표지에 표지되어 있습니다.

초급자를 위한
라이라이 중국어 회화

장연 지음

도서출판 **글로벌문화원**

저자의 말

'10년이면 강산도 변한다' 필자가 10여년전인 90년대 중반 중국 심양대에서 학생들에게 한국어를 가르칠 때, 그리고 대외 한어과에서 한국에서 온 유학생들에게 중국어를 가르치면서 한말이 바로 '10년 후면 강산이 변할 정도로 중국어의 교육 환경이 달라질 것이다'라고 하였습니다.

10여년이 지난 지금 중국어에 대한 관심이 세계적으로 고조되고 있는 것을 보노라면 글로벌 시장에서 필요로 하는 인재는 2000년대 초반만하더라도 영어위주의 인력을 추구하였으나 이젠 "영어는 기본, 중국어는 필수"인 시대가 왔다고 말할 수 있게 되었습니다.

사실 국내에도 많은 중국어 학습서가 봇물처럼 쏟아져 나오고 있고 학습자들의 선택의 폭도 그만큼 넓어진것도 사실입니다. 그러나 한자문화권인 우리나라에서도 '중국어는 여전히 배우기 어렵다'는 인식을 가지고 있는것 같습니다. 한 나라의 말을 배우는 것이 당연히 쉽지는 않겠지만 그래도 가능하면 近道(지름길)로 가고 하는 것이 필자나 학습자들의 욕망인 것 같습니다.

물론 단계별로 넘어야 할 한계가 있습니다. 당연히 극복을 해야 하겠지만 극복하는 과정이 쉽지는 않은 것을 필자는 많이 보아 왔습니다. 중국에서 약 3년 정도 유학하면서 지내는 학생들을 보면 일상생활은 전혀 문제가 되지 않는다고들 합니다. 그러나 중국인과 마음을 터놓고 할 수 있는 단계까지 가기 위해서는 여전히 상당한 시일이 소요된다고 하죠. 즉 말은 통하지만 마음이 통하지 않는다는 말이죠.

기초부분인 발음과 성조를 익히고 나서 어떻게 하면 빠른 시일 내에 중국어에 능통할 수 있을까요?

왕도는 없다지만 몇 가지를 적어보면,

* 중국어를 익히기 위해서는 먼저 중국문화를 익혀야 합니다.

    그 나라의 문화를 알면 그 민족 및 언어와 사고 방식을 이해 할 수 있다고 하죠. 언어를 익히는 일 이외에 문화에 관한 서적을 자주 접하는 것이 도움이 됩니다.

* 한자 하나하나의 의미와 쓰임새를 파악합니다.

    중국어는 뜻글자이므로 매 글자마다 의미가 있는 게 특징입니다. 글자마다의 의미를 알고 있다면 생소한 단어가 나와도 알고 있는 단어를 활용해서 추리할 수가 있습니다.

* 본문의 글을 억지로 외우려 하지 말고 우선 뜻을 익힌 다음 자기말로 다시 표현을 해보는 것입니다.

    이럴 경우 처음에는 막막하고 우스운 말도 나오지만 점차로 익숙해지면 탄력이 붙어서 중국어의 실력이 폭발적으로 증가하게 됩니다.

다수의 중국어를 배우는 외국인들과 이야기를 해보면 중국어는 말하기는 비교적 쉽지만 뜻 익히기와 쓰기가 어렵다고 합니다. 또한 문법이 간단해서 어휘력이 바로 중국어의 실력이라고 말하는 분들도 있습니다.

생각은 모두 다를 수 있지만 중요한 건 "不怕慢, 只怕停(학습진척속도가 느리다고 걱정 말고, 중도에 포기하는 것을 걱정해라)"의 자세로 꾸준히 공부하는 것입니다. 하루에 5분이라도 시간을 내어서 공부를 하세요. 그러면 길이 보일 겁니다. 여러분들이 중국어 강자로 되는 길에서 이 책이 동반자가 되어 드리겠습니다.

이 책의 활용법

중국어 바다에서 헤엄치기
지난과에서 배운 내용들을 활용하여 장문을 해석하고 이에 따른 다양한 표현 방법을 익혀나갑니다.

학습목표
매 과마다 공부를 해야 할 주요점을 제시 목표를 갖도록 하였습니다.

상황별 회화
실제 생활에서 발생하는 상황을 통해 중국인들의 현지언어를 익혀 봅니다.

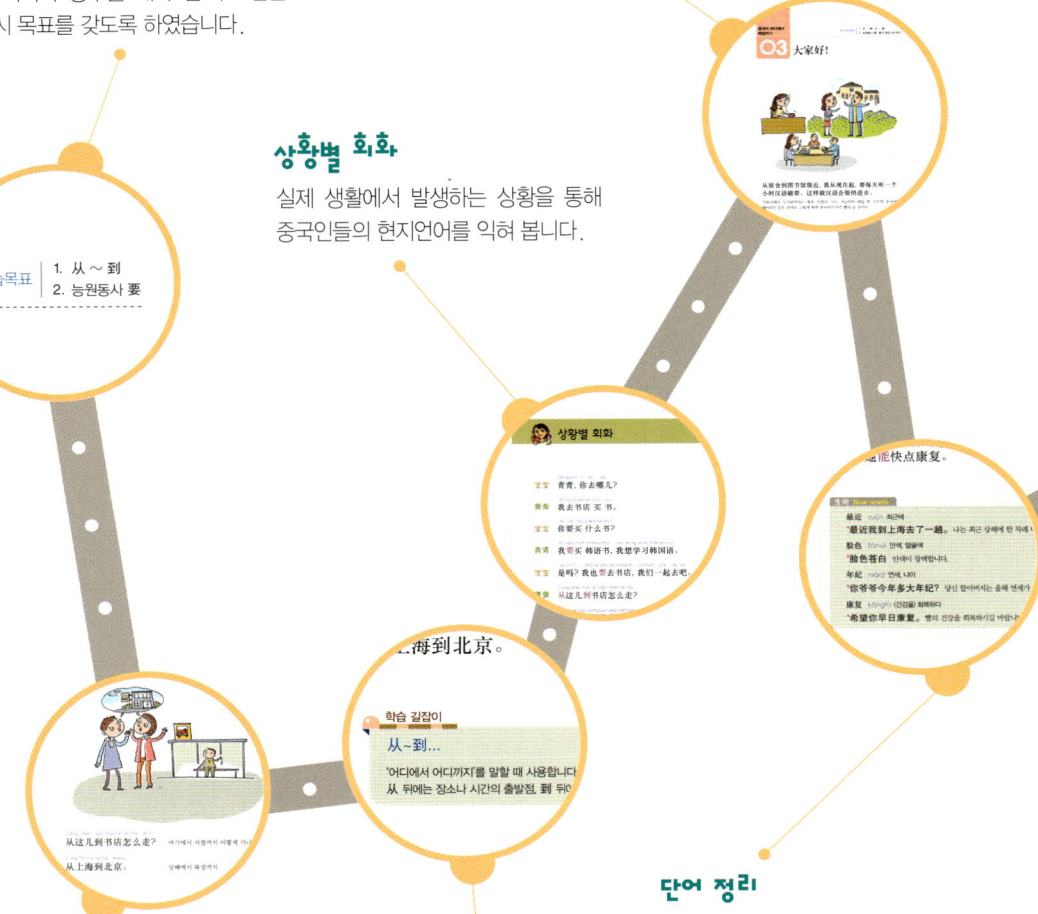

단어 정리
단어의 뜻에 더해 구체적인 예문을 통해서 각 단어의 용법을 익히도록 합니다.

핵심문장
학습목표의 주된 표현들을 사용한 문장을 먼저 익힙니다.

학습 길잡이
매과의 앞부분에 학습을 해야 할 어법을 제시하여 학습자들에게 길을 제시하였습니다.

꼼꼼 강의 노트
상황별회화의 각 문장을 요점별로 설명하였습니다.

어법 연습
각 과의 어법을 새로운 상황을 설정 말하는 방식으로 익혀봅시다.

어조 및 어감
각 상황에 따른 표현에서 문장의 성분별 높낮이와 강조를 표시하여 중국인과 흡사한 어감을 구사하도록 하였습니다.

문형 연습
이과에서 나온필수 문형들을 통해 습득할 수 있도록 구성하였습니다. 그림을 보면서 배운 것을 토대로 자유롭게 표현하는 방식을 통해 중국어가 쉬워지도록 합니다

어법 노트
이과에 나오는 어법 및 주요 표현들을 회화 연습하는 방식으로 익혀봅시다.

듣고 쓰는 연습문제
녹음내용을 듣고 문제에 답을 하는 방식을 통해 현지민의 발음을 이해합니다.

* 이 책의 특징

1. 본문의 포인트 문장을 분석 알기쉽게 해설을 하였다.
2. 지루한 어법을 삽화를 보며 공통점을 찾으며 이해하도록 하였다.
3. 보충에서는 현재의 중국을 이해 할 수 있도록 다양한 장면들을 소개하였다.
4. 중국어를 쉽게 이해 할 수 있도록 어조 및 어감을 표기하였다. [2부]
5. 3, 6, 9과는 학습내용을 장문을 통해서 복습하도록 "중국어바다에서 헤엄치기"코너를 신설하였다.

기초 회화

1과	你去哪儿?	11
2과	你在做什么?	21
3과	大家好!	31
4과	你哪儿不舒服吗?	37
5과	你想吃什么?	47
6과	王老师住院了。	57
7과	这件大衣我可以试一试吗?	65
8과	从这儿到王府井远吗?	75
9과	娜英的一周?	85

02 생활 회화

1과	你又在上网啊?	93
2과	选修课你想选什么?	103
3과	开学了!	113
4과	认识你很高兴。	119
5과	明天学校的舞会你参加吗?	129
6과	舞会真有意思阿!	139
7과	玲玲, 你去哪儿?	145
8과	你一会儿不是有课吗?	155
9과	准备考试。	165

정답 및 번역 172

1

기초 회화

어순 잡는 기초 공부 Tip!

중국어 문장은 어순만 알면 쉽게 만들 수 있답니다. 1부 총 아홉 과는 가장 간단한 한 문장 회화로 중국어에 쉽게 접근할 수 있고, 중국어 문장 뼈대가 어떻게 구성되는지 알 수 있는 필수 회화문으로 구성하였습니다. 필수 기초 회화는 모두 달달 외우고, 어법노트를 통해 필수 어법 사항을 정리해 보세요. 어순을 알면 중국어 문장이 보입니다.

1부 목차

1과 你去哪儿? •**11** / 2과 你在做什么? •**21** / 3과 大家好! •**31** / 4과 你哪儿不舒服吗? •**37** / 5과 你想吃什么? •**47** / 6과 王老师住院了。•**57** / 7과 这件大衣我可以试一试吗? •**65** / 8과 从这儿到王府井远吗? •**75** / 9과 娜英的一周? •**85**

| 학습목표 | 1. 从~到
2. 능원동사 要 |

01 你去哪儿？

Cóng zhèr dào shūdiàn zěnme zǒu?
从这儿到书店怎么走？   여기에서 서점까지 어떻게 가나요?

Cóng Shànghǎi dào běijīng.
从上海到北京。   상해에서 북경까지

학습 길잡이

从~到...

'어디에서 어디까지'를 말할 때 사용합니다.
从 뒤에는 장소나 시간의 출발점, 到 뒤에는 장소나 시간의 도착점이 옵니다.

상황별 회화

宝宝　青青，你去哪儿？
Qīngqīng, nǐ qù nǎr?

青青　我去书店买书。
Wǒ qù shūdiàn mǎi shū.

宝宝　你要买什么书？
Nǐ yào mǎi shénme shū?

青青　我**要**买韩语书，我想学习韩国语。
Wǒ yào mǎi Hányǔ shū, wǒ xiǎng xuéxí Hánguóyǔ.

宝宝　是吗？我也**要**去书店，我们一起去吧。
Shì ma? Wǒ yě yào qù shūdiàn, wǒmen yìqǐ qù ba.

青青　**从**这儿**到**书店怎么走？
Cóng zhèr dào shūdiàn zěnme zǒu?

宝宝　前边有公共汽车站，我们去那儿看看吧。
Qiánbian yǒu gōnggòngqìchēzhàn, wǒmen qù nàr kànkan ba.

青青　好的。
Hǎo de.

生词 New words

书店　shūdiàn　서점, 책방　　买　mǎi　사다　　想　xiǎng　～하려고 한다, ～하고 싶다
韩语书　Hányǔ shū　한국어 책　　前边　qiánbian　앞쪽
公共汽车站　gōnggòngqìchēzhàn　버스정류장

꼼꼼 강의 노트

① Nǐ qù nǎr?
你去哪儿?   너 어디에 가니?

哪儿는 '어디'라는 뜻으로 지정되지 않은 장소를 가리킬 때 사용합니다. 남방에서는 **哪里**(nǎli)라고도 합니다.

② Wǒ qù shūdiàn mǎi shū.
我去书店 买 书。   나는 서점에 책 사러 가.

'어디에 무엇을 하러 가다'라고 말할 때, 〈去+목적지+동사+목적어〉 순으로 표현합니다. 중국어는 동작이 일어나는 순서대로 말을 하는데, 이런 문형을 '연동문'이라고 하죠.

　　Qù xuéxiào kàn shū
　　去学校看书   학교에 가서 책을 보다

　　Qù gōngyuán sànbù
　　去公园散步   공원에 가서 산책하다

③ Wǒ yào mǎi Hányǔ shū, wǒ xiǎng xuéxí Hánguóyǔ.
我要买韩语书, 我想学习韩国语。
나는 한국어 책을 사려고 해, 한국어를 공부하고 싶거든.

능원동사 **要**는 '~하겠다 (화자의 의지)'의 뜻이구요, **想**은 조금 약한 의미로 '~하고 싶다(화자의 희망)'의 뜻입니다.

　　Wǒ yào qù gōngyuán.
　　我 要去 公园。   나는 공원에 가겠다.

　　Wǒ xiǎng qù gōngyuán.
　　我 想 去 公园。   나는 공원 가고 싶다.

④ 是吗?   그래?

是吗?는 상대방의 말에 반문할 때나, 약간 놀랐을 때 사용하는 표현이죠. '그래요?'라고 해석합니다.

A: 我头疼。   나 머리 아파.

B: 是吗?   그래?

⑤ 我也要去书店，我们一起去吧。
나도 서점에 가는데, 우리 같이 가자.

也는 '역시', '또한'이라는 뜻의 부사입니다. 一起는 '함께', '같이'라는 말이죠.

A: 我很饿。   나 배고파.

B: 我也很饿，我们一起吃吧。   나도 배고파, 우리 같이 먹자.

⑥ 前边有公共汽车站，我们去那儿看看吧。
앞에 버스정거장이 있어, 우리 거기 가서 좀 보자.

前边 앞쪽   中间 중간   后边 뒤쪽

'어떤 장소에 무엇이 있다'라고 말할 때 동사 有를 사용합니다. 이때의 어순은 「장소주어 +有+목적어」입니다.

前边有商店，后边有图书馆。
앞쪽에는 상점이 있고, 뒤쪽에는 도서관이 있다.

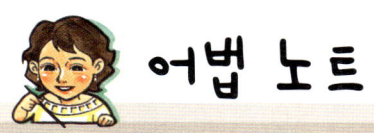

어법 노트

1 从 ~ 到… ~부터 …까지

从은 장소·시간의 출발점을 나타내며 到는 도착점을 가리킵니다.

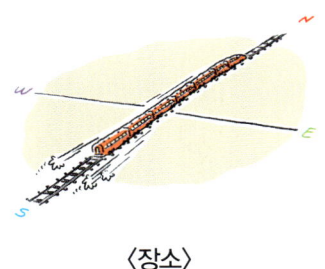

〈장소〉

从南到北 : 남쪽에서 북쪽까지

从南到北他一家人坐火车旅行。

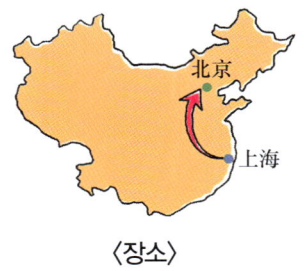

〈장소〉

从上海到北京 : 상해에서 북경까지

从上海到北京有多少公里?
一千五百公里。

〈시간〉

从早到晚 : 아침부터 저녁까지

你星期天**从早到晚**干什么。
一整天睡觉。

15

2 要

要는 능원동사이며 '…해야 하겠다'는 의지의 표현 또는 '…해야 한다'는 의무를 나타낼 때 사용합니다. 동사로 쓰일 때는 '원하다', '필요하다'의 뜻입니다.

你要去学校，要努力学习。

A: 你想吃什么？
B: 我要吃烤肉。

A: 你要什么？
B: 我要钱。

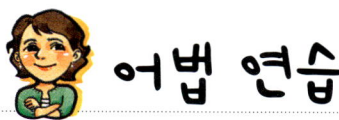 어법 연습

* 그림을 보고, 주어진 단어를 참고하여 질문에 대한 답을 써 보세요.

问: 你想吃什么?
答: 我要吃烤肉。

1 你想喝什么?
   [咖啡, 茶, 可乐, 汽水儿]

   ➡ _____

2 你想买什么?
   [西装, 皮鞋, 腰带, 袜子]

   ➡ _____

3 你想去哪儿吃饭?
   [饭店, 家]

   ➡ _____

4 你想什么时候出发?
   [早上8点, 明天, 下个星期五]

   ➡ _____

生词 New words

西装 xīzhuāng 양복　　皮鞋 píxié 구두　　腰带 yāodài 벨트　　袜子 wàzi 양말

어조 및 어감

1 의문문의 끝은 일반적으로 올려 읽습니다.

① 你去哪儿? ↑   어디 가세요?
② 你要买什么书? ↑   무슨 책을 사시겠습니까?

2 문장 끝의 어기조사 吧는 일반적으로 내려 읽습니다.

① 我们一起去吧。↓   우리 같이 갑시다.   [권유]
② 你也去吧? ↓   당신도 가시죠?   [의문 또는 확인]

보충

旗袍 qípáo

唐装 tángzhuāng

旗袍는 청대 만주족 여자의 긴치마로부터 유래되었습니다. 만주족을 旗人이라고 칭하였기 때문에 旗袍라고 부르게 되었는데요. 치파오는 1930-40년대에 가장 유행하였으며 근래 들어 새롭게 디자인해서 만들어진 치파오는 민족을 대표하는 정식예복으로 공식석상에서 입습니다. 또한, 唐装은 당나라 때 입던 복장으로, 최근 중국의 경제 발전과 함께 화려했던 옛 당나라 시대로의 회귀를 꿈꾸며 젊은이들 사이에 더욱 유행하게 된 복장입니다.

문형 연습

1 그림을 보고, 보기를 참고하여 묻고 답해 보세요.

> 보기
> A: 从这儿到书店怎么走?
> B: 坐105路公共汽车可以到。

①

②

③

④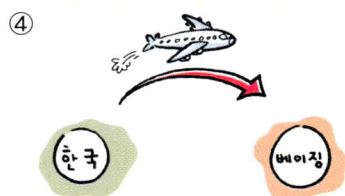

2 어순을 바로잡아 다시 써 보세요.

① 学校　商店　走　怎么　从~到…

② 他　要　书店　去

③ 汉语　我　学习　想

④ 我们　爬山　明天　怎么样

⑤ 韩国　北京　从　远　很　到

듣고 쓰는 연습문제

1 녹음 내용을 잘 듣고, 답을 써 보세요.

① 宝宝和青青要去哪儿?

_____

② 青青知道怎么去书店吗?

_____

③ 东东知道怎么去吗?

_____

④ 他们要一起去哪儿看看?

_____

2 녹음을 들으면서, 다음 대화문의 빈 칸을 채워 넣으세요.

宝宝　青青，你去哪儿?

青青　我要去_____买韩语书，我想学韩国语。

宝宝　正好，我也要去书店，我们_____去吧。

青青　可是，我不知道_____这儿_____书店怎么走?

宝宝　我们去_____的公车站看看吧。

生词　New words

正好　zhèng hǎo　마침 잘 됐다

● 학습목표 | 1. 从 ~ 起
2. 능원동사 会

你在做什么?

Wǒ yào cóng jīntiān qǐ jīngcháng tīng hànyǔ cídài.
我要从今天起经常听汉语磁带。
오늘부터 자주 중국어 테이프를 들을 거야.

Hànyǔ huì hěn kuài jìnbù de.
汉语会很快进步的。 중국어가 아주 빨리 늘 거야.

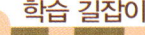

从 ~ 起　　~부터 시작하여

어떤 일이 시작되는 시점을 말합니다.

상황별 회화

青青　Nàyīng, nǐ zài zuò shénme?
　　　娜英，你在做什么？

娜英　Wǒ zài tīng cídài.
　　　我在听磁带。

青青　Shì yīnyuè ma?
　　　是音乐吗？

娜英　Búshì, shì Hànyǔ cídài.
　　　不是，是汉语磁带。

青青　Nǐ xuéxí Hànyǔ hǎo rènzhēn ā!
　　　你学习汉语好认真啊！

娜英　Wǒ yào cóng jīntiānqǐ jīngcháng tīng Hànyǔ cídài.
　　　我要从今天起经常听汉语磁带。

青青　Shì à, zhèyàng Hànyǔ huì hěn kuài jìnbù de.
　　　是啊，这样汉语会很快进步的。

娜英　Wǒmen lǎoshī yě zhèyàng shuō.
　　　我们老师也这样说。

生词 New words

做 zuò ~을 하다　　磁带 cídài 녹음 테이프　　音乐 yīnyuè 음악
认真 rènzhēn 열심이다, 성실하다, 착실하다　　这样 zhèyàng 이렇게　　进步 jìnbù 진보하다
经常 jīngcháng 자주, 항상

꼼꼼 강의 노트

① 你在做什么?   너 뭐 하고 있어?
Nǐ zài zuò shénme?

在는 동사 앞에서 진행형을 만드는 부사입니다. '~하고 있다' 라고 해석합니다.
做는 '하다'라는 뜻이며 특정한 일이 아닌 일반적인 상황에서 하고 있는 동작을 나타냅니다. 干gàn과 바꾸어 쓰기도 하죠.

你在做什么? = 你在干什么?

② 我在听磁带。   나 테이프 듣고 있어.
Wǒ zài tīng cídài.

在로 물어 보면 역시 在를 사용하여 대답합니다.

我在看电视。   나는 TV를 보고 있어요.
Wǒ zài kàn diànshì.

我在听MP3。   나는 MP3를 듣고 있어요.
Wǒ zài tīng MP3.

③ 你学习汉语好认真啊!   너 중국어 공부 정말 열심히 하는구나!
Nǐ xuéxí Hànyǔ hǎo rènzhēn a!

여기서는 '好~啊!'가 감탄문의 문형으로 쓰였습니다.
이때의 好는 '좋다'가 아니라 '아주, 정말' 이라는 뜻의 부사로 쓰였답니다.

好漂亮啊!   정말 예쁘군요!
Hǎo piàoliang a!

好多啊!   정말 많군요!
Hǎo duō a!

④ _{Wǒ yào cóng jīntiān qǐ jīngcháng tīng Hànyǔ cídài.}
我要从今天起经常听汉语磁带。
나는 오늘부터 자주 중국어 테이프를 들을 거야.

'从~起'는 동작이나 결심, 어떤 일에 있어 시간의 출발점을 나타냅니다. '~부터'로 해석합니다.

_{cóng míngtiān qǐ}
从明天起   내일부터

_{cóng qùnián qǐ}
从去年起   작년부터

---

⑤ _{Shì a, zhèyàng Hànyǔ huì hěn kuài jìnbù de.}
是啊，这样汉语会很快进步的。
그래, 그렇게 하면 중국어가 정말 빨리 늘 거야.

这样은 '이렇게 (하면)'의 뜻으로, 어떤 일의 방식을 설명할 때 쓰입니다. '이렇게 하면' '그렇게 하면' 등으로 자연스럽게 해석하면 됩니다.
능원동사 会는 어떤 일이 일어날 가능성을 뜻합니다. '~하겠다, ~할 거야' 등으로 해석합니다. 어법노트에서 좀 더 자세히 공부해 보세요.

---

⑥ _{Wǒmen lǎoshī yě zhèyàng shuō.}
我们老师也这样说。   우리 선생님도 그렇게 말씀하셨어.

也는 부사로 '~도 역시'의 뜻입니다. 부사의 위치는 주어 뒤, 동사 앞이랍니다.

_{Wǒ yě zhèyàng xiǎng.}
我也这样想。   나 역시 이렇게 생각해.

_{Nǐ yě shì Zhōngguó rén ma?}
你也是中国人吗?   너도 역시 중국인이니?

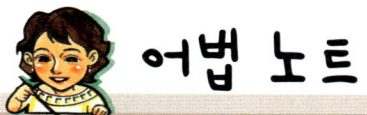

어법 노트

1 从 ~ 起 [개사] ~부터 (~을) 시작하다

从은 동작 또는 시간의 출발점을 나타내며 起는 시작을 가리킵니다.

〈동작〉

从头学起 : 처음부터 다시 공부를 시작하다

Hànyǔ jīchǔ hěn zhòngyào, wǒmen cóng tóu xué qǐ ba.
汉语基础很重要，我们从头学起吧。

〈장소〉

从何处说起 : 어디에서부터 말해야 할지

Wǒ bùzhīdào cóng héchù shuō qǐ.
我不知道从何处说起。

〈시간〉

从今天起 : 오늘부터

Wǒ cóng jīntiān qǐ jièyān.
我从今天起戒烟。

生词 New words

从头 cóngtóu 처음부터   何处 héchù 어느 곳, 어디   戒烟 jièyān 금연하다

2 능원동사 会

① (배워서) …할 수 있다, …할 줄 알다
② …할 것이다 [가능이나 실현]
③ (정도부사와 함께 쓰여서) ~에 뛰어나다, 능하다

Wǒ huì shuō Hànyǔ.
我会说汉语。

(배워서) …할 수 있다

Wǒ yǒngyuǎn bú huì wàngjì nǐ.
我永远不会忘记你。

~ 할 것이다

Tā zhēn huì shuō huà.
他真会说话。

…에 뛰어나다[능하다]

# 어법 연습

* 보기과 같이 능원동사 会를 사용하여 연습해 보세요.

> 보기 [他来] 他会来。 → 他不会来。
> 他会来吗? → 他不会来吗?

1 他回来。

他会回来。 ➡ _____

他会回来吗? ➡ _____

2 她参加晚会。

她会参加晚会。 ➡ _____

她会参加晚会吗? ➡ _____

3 他做菜。

他会做菜。 ➡ _____

他会做菜吗? ➡ _____

4 他讲价。

他会讲价。 ➡ _____

他会讲价吗? ➡ _____

어조 및 어감

1 문장 중 수식어는 강조해서 읽습니다.

① 我要从今天起<u>经常</u>听汉语磁带。

② 他<u>每天</u>看书。

2 감탄문의 후반부를 내려서 읽습니다.

① 你学习汉语好认真啊! ↓

② 太好了! ↓

천안문은 1417년에 중건되었으며 원래 이름은 "승천문 (承天门)"이었습니다. 황궁으로 직통하는 문으로 높이가 3미터 70센티 정도이고 고대 건축예술의 집대성이라고 할 만한 건물로 봉건시대의 형상을 표현했으며, 현 중국이 탄생한 후 천안문은 중국의 상징이 되었습니다. 천안문 광장은 세계최대의 인민광장이지요.

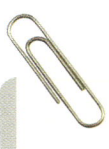 

문형 연습

1 보기를 보면서 묻고 답하는 연습을 해 보세요.

보기
A: 从明天起你要做什么
B: 从明天起我要学习汉语。

①
[找工作]

②
[爬山]

③
[学游泳]

④
[认真学习]

2 어순에 맞게 다시 써 보세요.

① 从   起   现在   学习   认真

② 他   说   汉语   会   不

③ 李明   英语   吗   会

④ 我   明天   从   起   开始   减肥

⑤ 要   爬山   我们   周末

듣고 쓰는 연습문제

1 녹음을 잘 듣고, 대답해 보세요.

① 娜英在做什么？

_____

② 娜英从什么时候开始听汉语磁带的？

_____

③ 老师说多听磁带会怎样？

_____

④ 学汉语要怎样做？

_____

2 다음 중국어 대화문을 들으면서 빈 곳을 완성하세요.

青青　娜英，你在做什么？

娜英　我在听_____。

青青　你学习好_____啊！

娜英　我要_____今天_____多听，练习听力。

青青　对，这样做汉语_____很快进步的。

중국어 바다에서 헤엄치기

03 大家好!

● 학습목표
1. 从 ~ 到 / 从 ~ 起
2. 능원동사 要 / 会의 용법 숙지하기

从宿舍到图书馆很近, 我从现在起, 要每天听一个 小时汉语磁带。这样做汉语会很快进步。

기숙사에서 도서관까지는 매우 가깝다. 나는 지금부터 매일 한 시간씩 중국어 테이프를 들을 것이다. 그렇게 하면 중국어가 아주 빨리 늘 것이다.

'중국어 바다에서 헤엄치기'에서는 지난 과에서 배운 내용을 활용하여 장문을 해석하고, 이에 따른 다양한 표현 방법을 익혀봅니다.

娜英的日记 (나영의 일기)

大家好！我叫娜英，是韩国人。我在北京学习汉语。

汉语很难，也很有意思。我很喜欢汉语，也很喜欢中国。

我住在学生宿舍。从宿舍到图书馆很近。

我很喜欢去图书馆，那儿有很多书，也有电脑，可以上网。

我上午上课，中午去学校的食堂吃饭，

晚上经常和朋友见面，我有两个中国朋友，

宝宝和青青，她们教我汉语，我教她们韩国语。

老师说："学习汉语要多说，多听，这样做汉语会很快进步。"

我从现在起，要每天听一个小时汉语磁带，

还要经常和朋友见面，多说，多听。

我在中国的学习生活很忙，也很愉快。

生词 New words

上网	shàng wǎng 인터넷하다	愉快	yúkuài 유쾌하다, 즐겁다

 꼼꼼 강의 노트

① Dàjiā hǎo, wǒ jiào Nàyīng, shì Hánguó rén.
大家好! 我叫娜英, 是韩国人。
여러분 안녕하세요. 저는 나영이구요, 한국인입니다.

大家好는 여러 사람 앞에서 하는 인삿말입니다. '○○(인사하는 대상) + 好!'의 인사법이죠. 叫(~라고 부르다)는 이름을 말할 때, 是(~이다)는 사람의 국적, 신분, 직업 등을 소개할 때 사용하는 동사입니다.

② Wǒ zài Běijīng xuéxí Hànyǔ.
我在北京学习汉语。 저는 북경에서 중국어를 공부합니다.

在는 개사로서 '~에서'라고 해석합니다.

＊ 在의 용법을 비교해 보세요~

我在图书馆。 나는 도서관에 있다. (동사)
我在图书馆学习汉语。 나는 도서관에서 중국어를 공부한다. (개사)
我在学习汉语。 나는 중국어를 공부하고 있다. (진행형을 만드는 부사)

③ Hànyǔ hěn nán, yě hěn yǒuyìsi.
汉语很难, 也很有意思。 중국어는 어렵지만 재미도 있습니다.

很은 '아주', '매우'라는 뜻이지만 일반적으로 중국사람들은 형용사 술어 앞에 습관적으로 붙이기 때문에 특별한 경우가 아니면 해석을 하지 않습니다. 也는 '또한', '~도 역시'라는 뜻의 범위 부사입니다.

Ta hen yǒu qián, yě hěn piàoliang.
她很有钱, 也很漂亮。 그녀는 돈도 많고 또한 예쁘기도 하다.

④ Wǒ zhùzài xuéshēng sùshè.
我住在学生宿舍。 나는 학생 기숙사에 살아요.

'~에 산다' 라고 할 때 [住在 + 장소]의 어순을 기억해두세요.

Wǒ zhù zài shǒuér.
我住在首尔。 나는 서울에 살아요.

⑤ Wǒ shàngwǔ shàngkè, zhōngwǔ qù xuéxiào de shítáng chīfàn,
我上午上课，中午去学校的食堂吃饭，
wǎnshang jīngcháng hé péngyǒu jiànmiàn.
晚上经常和朋友见面。
나는 오전에 등교하고, 정오에는 학교식당에서 밥을 먹고, 저녁에는 자주 친구들과 만납니다.

和는 [和+사람]의 형식으로 쓰여서 '~와'라는 뜻이 됩니다. [和~一起](~와 같이)도 자주 사용하는 문형이니 함께 알아두세요.

hé māma   hé tóngxué yìqǐ
和妈妈   엄마와   **和同学一起**   급우와 함께

⑥ Tāmen jiāo wǒ Hànyǔ, wǒ jiāo tāmen Hánguóyǔ.
她们教我汉语，我教她们韩国语。
그녀들은 나에게 중국어를 가르치고 나는 그녀들에게 한국어를 가르칩니다.

教는 두 개의 목적어를 갖습니다. '누구에게 무엇을 가르치다' 라고 할 때, '教+가르치는 대상(간접목적어)+가르치는 것(직접목적어)'의 어순으로 씁니다.

Wǒ jiāo dìdi Yīngyǔ.
我教弟弟英语。   나는 동생에게 영어를 가르칩니다.

⑦ Lǎoshī shuō, xuéxí Hànyǔ yào duō shuō, duō tīng,
老师说，学习汉语要多说，多听，
zhèyàng zuò Hànyǔ huì hěn kuài jìnbù.
这样做汉语会很快进步。
선생님은, 중국어를 배우려면 많이 말하고 많이 들어야 하고, 그래야 중국어가 빨리 발전한다고 말씀하셨습니다.

这样은 '이렇게', '그렇게'의 뜻으로 성질, 상태, 정도, 방식 등을 나타내는 지시사입니다.

zhè yàng zuò   zhè yàng de rén
这样做   이렇게 하면   **这样的人**   이런 사람

문형 연습

1 어순을 바로잡아 다시 써 보세요.

① 图书馆　我　去　很　喜欢

_____

② 我　朋友　两个　有　中国

_____

③ 汉语　多听　多说　学习　要

_____

④ 从~起　我　学习　要　现在　汉语

_____

2 틀리거나 어색한 부분을 고쳐 보세요.

① 你家在哪儿吗？　_____

② 从明天起我学习汉语了。　_____

③ 宝宝学习韩国语要。　_____

④ 从学校起我家很近。　_____

3 맞는 단어를 골라 빈 칸을 채워 보세요.

> 보기　也　从~到　会　从~起　要　很

① 他_____说英语，_____会说汉语。

② _____学校_____书店_____坐公共汽车。

③ 我们都_____喜欢王老师。

④ 我要_____明天_____坚持跑步。

듣고 쓰는 연습문제

1 녹음을 잘 듣고, 질문에 대한 답을 써 보세요.

① 娜英在哪儿学习什么?

___

② 她为什么喜欢去图书馆?

___

③ 她中午去哪儿吃饭?

___

④ 她有几个中国朋友?

___

⑤ 她决定从现在起怎样学习汉语?

___

2 다음 빈칸을 채우세요.

① 我住在学生宿舍。_____宿舍_____图书馆很近。

② 我晚上_____和朋友见面,练习听和说。

③ 老师说学习汉语要_____,_____,才会进步。

④ 我_____现在_____,要每天听一个小时汉语磁带。

⑤ 汉语很难,_____很有意思。

● 학습목표 | 1. 因为~，所以…
　　　　　 | 2. 능원동사 能

 # 你哪儿不舒服吗？

Nǐ nǎr bù shūfu ma?
你哪儿不舒服吗？　　당신 어디 아프세요?

Búshì wǒ, shì Wáng lǎoshī, tīngshuō yīnwèi tài lèi, suǒyǐ yūndǎo le.
不是我，是王老师，听说因为太累，所以晕倒了。
내가 아니구요, 왕 선생님이에요. 듣기로는 너무 피곤하셔서 쓰러지셨대요.

학습 길잡이

因为~，所以…　왜냐하면~ , 그래서 (…하다)

앞의 질문에 대해 이유를 말할 때 쓰는 문형입니다.

상황별 회화

宝宝　Nàyīng, xiàwǔ néng hé wǒ yìqǐ qù yīyuàn ma?
　　　娜英，下午能和我一起去医院吗？

娜英　Nǐ nǎr bù shūfu ma?
　　　你哪儿不舒服吗？

宝宝　Búshì wǒ, shì Wáng lǎoshī.
　　　不是我，是王老师。

娜英　Wáng lǎoshī zěnme le?
　　　王老师怎么了？

宝宝　Wáng lǎoshī zhùyuàn le, tīngshuō yīnwèi tài lèi, suǒyǐ yūndǎo le.
　　　王老师住院了，听说因为太累，所以晕倒了。

娜英　Shìma? Yánzhòng ma?
　　　是吗？严重吗？

宝宝　Bùzhīdào, wǒmen xiàwǔ yìqǐ qù kànkan ba.
　　　不知道，我们下午一起去看看吧。

娜英　Hǎo.
　　　好。

生词 New words

能 néng 할 수 있다　　医院 yīyuàn 병원　　舒服 shūfu 편안하다
怎么了 zěnme le 어떻게, 어째서, 왜 [상황·방식·원인 따위를 물음]　　住院 zhù yuàn 입원하다
累 lèi 피곤하다, 힘들다　　晕倒 yūndǎo 기절하여 쓰러지다
严重 yánzhòng (병이나 상태가) 심각하다　　知道 zhīdao 알다

꼼꼼 강의 노트

① 下午能和我一起去医院吗?
Xiàwǔ néng hé wǒ yìqǐ qù yīyuàn ma?

오후에 나와 함께 병원에 갈 수 있니?

여기서 **能**은 상황이 가능한지 묻는 뜻으로 쓰였습니다. [**和~一起**]는 '~와 함께'라는 뜻으로 쓰인 개사구죠.

② 你哪儿不舒服吗?
Nǐ nǎr bù shūfu ma?   너 어디 아프니?

哪儿은 불특정한 것을 지칭하는 지시대사로 쓰일 수 있습니다. 그럴 경우 의문사 **吗**와 함께 쓸 수 있습니다.

你哪儿不舒服? *Nǐ nǎr bù shūfu?*   너 어디 아파? (묻는 부분은 '아픈 부위')

你哪儿不舒服吗? *Nǐ nǎr bù shūfu ma?*   너 어디가 아프니? (아픈지 안 아픈지를 물음)

③ 不是我, 是王老师。
Búshì wǒ, shì Wáng lǎoshī.   내가 아니라 왕 선생님이야.

[**不是 A, 是 B。**] 구문이네요. 'A가 아니라 B이다.'

他不是职员, 是老板。 *Tā bú shì zhíyuán, shì lǎobǎn.*   그는 직원이 아니라 사장이야.

④ Wáng lǎoshī zěnme le?
王老师怎么了?   왕 선생님이 왜?

'怎么了'는 상태 또는 상황이 어떤지를 물어보는 말입니다.

Nǐ zěnme le, fàn yě bù chī?
你怎么了,饭也不吃?   너는 어떻게 된 일이냐, 밥도 먹지 않고?

⑤ Wáng lǎoshī zhùyuàn le, tīngshuō yīnwèi tài lèi, suǒyǐ yūndǎo le.
王老师住院了,听说因为太累,所以晕倒了。
왕선생님은 입원하셨어, 듣자 하니 너무 피곤하셔서 쓰러지셨대.

[听说]는 '듣자 하니'라는 뜻으로, 문두에서 남에게 들은 말을 전할 때 씁니다. [因为~,所以…]는 원인과 결과를 설명하는 접속사입니다. '~이기 때문에 그래서 …하다'.

Yīnwèi jīntiān shēntǐ bù hǎo, suǒyǐ wǒ méi shàng xué.
因为今天身体不好,所以我没上学。
오늘 몸이 안 좋아서, 나는 학교에 가지 않았다.

⑥ Wǒmen xiàwǔ yìqǐ qù kànkan ba.
我们下午一起去看看吧。   우리가 오후에 같이 가서 뵙자.

동사의 중첩형은 가벼운 느낌이나 시도 등을 나타냅니다.

Nǐ kànkan ba.
你看看吧。   너 한번 봐봐.

Qǐng nǐmen tīngting.
请你们听听。   당신들 한번 들어보세요.

뒤에 어기조사 **吧**가 함께 붙으면 권유의 느낌을 더해 줍니다.

어법 노트

1 因为~, 所以... [접속사] 왜냐하면~, 그래서...

A: 你今天怎么不上学?
B: 因为今天身体不舒服，所以我没上学。

A: 你为什么还不来?
B: 因为路上堵车，所以我会迟到。

A: 你为什么学习汉语?
B: 因为我想去中国留学，所以我努力学习。

2 能

① (능력에 근거해서) …할 수 있다. …할 줄 알다
② …할 가능성이 있다. …할 것이다. (상황, 조건에 따른 실현가능성)
③ 응당 ~해야 한다. (당연을 표시하며, 주로 能를 앞에 붙여 '~해서는 안된다'는 의미로 사용)

我一天能走50公里。
哇，真棒。

(능력에 근거해서) …할 수 있다

我能在这儿抽烟吗？
不行。

(상황, 조건에 따른 가능) ~할 수 있다

会议已经开始了，现在不能进去。

(응당) ~해야 한다

生词 New words

走 zǒu 가다　　公里 gōnglǐ 킬로미터　　棒 bàng 대단하다　　抽烟 chōu yān 담배피우다
会议 huìyì 회의

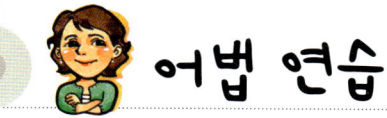 어법 연습

* 能을 사용하여 보기와 같이 바꿔보세요.

보기 [今天去] 你今天能去吗？ → 我不能去。

1 [他六点前回来。]
　➡ _____
　➡ _____

2 [我帮助你。]
　➡ _____
　➡ _____

3 这个电影, 孩子看。
　➡ _____
　➡ _____

4 现在进去看他。
　➡ _____
　➡ _____

生词 **New words**

帮助　bāngzhù　돕다

어조 및 어감

1 능원동사를 강조해서 읽어 봅시다.

① 娜英, 下午能和我一起去医院吗?

② 你能来吗?

2 의문문의 끝을 올려서 읽어봅시다.

① 王老师怎么了? ↑
② 严重吗? ↑

쉬어가기

'후통'은 북경의 특색 있는 주거지역의 형태로 원나라 때부터 형성되었습니다. 후통이라는 말은 몽고말로 좁은 길이라는 뜻이며 북경의 후통은 약 7000여 개에 달하고 각 '후통' 마다 전해 내려오는 전설이 있지요. 후통의 명칭은 인물명, 시장, 상품명, 북경토속어 명칭 등으로 다양하며 제일 오래된 후통은 '三庙街 sānmiàojiē'로 900년의 역사를 가지고 있습니다.

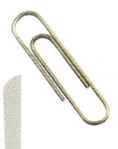

문형 연습

1 그림을 보고 예문처럼 문답 연습을 해 보세요.

(1) 보기
问: 他为什么不上学?
答: 他因为生病, 所以没上学。

① 　②

(2) 보기
问: 你能和我一起去公园吗?
答: 当然可以。

① 　②

2 어순에 맞게 다시 써 보세요.

① 能　去　和　我　你　一起　吗

② 他　高兴　跳舞　因为　所以

③ 去　我们　一起　明天　爬山　吧

④ 能　下周　小王　不能　上课　来

⑤ 我　因为　减肥　很　要　所以　胖

듣고 쓰는 연습문제

1 녹음을 잘 듣고, 내용과 일치하는 내용을 고르세요.

① 王老师怎么了？
② 王老师为什么住院？
③ 宝宝说王老师是怎样的老师？
④ 宝宝和娜英要一起去哪？

2 다음 중국어 대화문을 들으면서 빈 곳을 완성하세요.

宝宝　娜英，你下午有_____吗？

娜英　有什么事吗？

宝宝　听说王老师_____生病，_____住院了。
　　　我想去看看她，你_____和我一起去吗？

娜英　当然可以。王老师病_____吗？

宝宝　好像不太重，听说_____过度疲劳，晕倒了。

生词 New words

重　zhòng　무겁다, 병이 심하다　　过度疲劳　guò dù píláo　너무 피곤하다

● 학습목표
1. 跟 ~ 一样
2. 능원동사 得

你想吃什么？

Wǒ yě gēn nǐ yíyàng, xiǎng chī là de.

我也跟你一样，想吃辣的。

저도 당신과 같아요. 매운 요리를 먹고 싶어요.

Xiānglà niúròu shì làde, dàn děi děng shí fēnzhōng.

香辣牛肉是辣的，但得等十分钟。

소고기볶음이 맵습니다, 그런데 10분간 기다리셔야 됩니다.

학습 길잡이

跟 ~ 一样   왜냐하면~, 그래서 (…하다)

이번 과에서는 능원동사 得의 다양한 용법을 공부해 봅니다.

 ## 상황별 회화

佳佳　　　Nàyīng, nǐ xiǎng chī shénme?
　　　　　娜英，你想吃什么？

娜英　　　Nǎge cài shì làde? Wǒ xiǎng chī là yìdiǎnr de. Nǐ ne?
　　　　　哪个菜是辣的？我想吃辣一点儿的。你呢？

佳佳　　　Wǒ yě gēn nǐ yíyàng, xiǎng chī làde.
　　　　　我也跟你一样，想吃辣的。

娜英　　　Nà, wǒmen wènwen fúwùyuán ba.
　　　　　那，我们问问服务员吧。

佳佳　　　Fúwùyuán, qǐng wèn zhèr shénme cài shì làde?
　　　　　服务员，请问这儿什么菜是辣的？

服务员　　Xiānglà niúròu shì làde, dàn déi děng shí fēnzhōng.
　　　　　香辣牛肉是辣的，但得等十分钟。

佳佳　　　Méiguānxi, jiù lái zhège ba, zài lái yíge jīdàntāng,
　　　　　没关系，就来这个吧，再来一个鸡蛋汤，
　　　　　liǎng wǎn mǐfàn.
　　　　　两碗米饭。

服务员　　Hǎo de, qǐng shāo děng.
　　　　　好的，请稍等。

生词 New words

哪 nǎ 어느	菜 cài 요리	辣 là 맵다	服务员 fúwùyuán 점원, 웨이터
香辣牛肉 xiānglà niúròu 매운 소고기볶음	等 děng 기다리다
没关系 méiguānxi 괜찮다	再 zài 다시	鸡蛋汤 jīdàntāng 계란탕
碗 wǎn 그릇, 공기	米饭 mǐfàn 쌀밥	稍 shāo 조금, 약간

꼼꼼 강의 노트

① 你想吃什么?
Nǐ xiǎng chī shénme?
무엇을 드시겠습니까?

想은 능원동사로써 '~하고 싶다'는 뜻입니다. 음식점에서 종업원이 '뭘 드시겠습니까?' 하고 물을 때 흔히 你想吃什么? 혹은 你想吃点儿什么?하고 묻습니다.

想喝 xiǎng hē 마시고 싶다   想看 xiǎng kàn 보고 싶다

② 哪个菜是辣的?
Nǎ ge cài shì là de?
어느 요리가 맵습니까?

辣的는 '매운 것'이라는 뜻으로 뒤에 菜가 생략되었습니다. '형용사+的'는 명사화됩니다.

甜的 tián de 단 것   咸的 xián de 짠 것

③ 我也跟你一样, 想吃辣的。
Wǒ yě gēn nǐ yíyàng, xiǎng chī là de.
저도 당신과 마찬가지로 매운 요리가 먹고 싶어요.

'跟~一样'은 '~와 같이, 마찬가지로'라는 뜻의 개사구입니다.

跟他一样 gēn tā yíyàng 그와 마찬가지로

跟儿子一样 gēn érzi yíyàng 아들과 마찬가지로

④ 那, 我们问问服务员吧。
Nà, wǒmen wènwen fúwùyuán ba.
그러면 우리 종업원에게 물어봅시다.

문두의 那는 '그럼'이라는 접속사 입니다. 전후 문맥을 부드럽게 이어주죠. 问问은 동사의 중첩으로 가벼운 느낌, 시도 등을 나타내지요.

⑤ 服务员, 请问这儿什么菜是辣的?
Fúwùyuán, qǐng wèn zhèr shénme cài shì là de?

종업원, 좀 물어볼께요, 여기 어느 요리가 매운가요?

중국에서는 종업원을 부를 때 '**服务员**'이라고 부릅니다. **请问**은 말을 걸 때 쓰는 표현으로, '저기요, 말씀 좀 물을께요' 등으로 해석합니다.

⑥ 香辣牛肉是辣的, 但得等10分钟。
Xiānglà niúròu shì làde, dàn děi děng shí fēnzhōng.

소고기볶음은 매운데 10분 기다려야 됩니다.

香辣牛肉는 고추기름을 내서 소고기와 야채를 넣어 볶은 요리입니다. 독특한 중국 향과 신선한 야채가 함께 어우러져 우리나라 사람들이 중국에 가면 자주 찾는 요리죠. **但**은 **但是**의 준말로 문장 전환을 할 때 사용합니다. **得**는 이 과의 학습포인트죠? '~해야 합니다'로 해석하세요. 능원동사 **得**의 용법은 어법 분석에서 자세히 다룹니다.

⑦ 没关系, 就来这个吧。
Méiguānxi, jiù lái zhège ba.

괜찮아요, 그냥 그걸로 주세요.

就는 부사로써 '바로, 곧' 등의 뜻이 있는데, 여기서는 '그냥' 정도로 해석하는 것이 좋습니다. **来**는 문법적으로는 '대동사'라고 하는데 동사를 대신해서 일반적인 뜻을 나타낼 때 많이 사용해요. 음식점에서 음식을 달라고 이야기할 때 동사 **来**를 사용합니다.

⑧ 再来一个鸡蛋汤, 两碗米饭。
Zài lái yíge jīdàn tāng, liǎng wǎn mǐfàn.

또 계란탕 1개, 밥 두 공기 주세요.

再来는 음식이나 어떤 동작을 추가 할 때 사용하는 회화체 표현입니다.

　　一次不成, 再来一次　한 번에 안 되면 다시 한번 더 해 보아라.

一个, 两碗은 양사인데 어순에 유의하세요. 한국어는 '쌀밥 두 공기'처럼 말하는 것이 자연스럽지만, 중국어에서는 '두 공기 쌀밥' 순으로 말해야 합니다.

　　① 사과 다섯 개　　② 강아지 한 마리　　③ 지도 석 장

⑨ 好的, 请稍等。
Hǎode, qǐng shāo děng.

좋습니다. 잠시 기다리세요.

请稍等은 '잠시만 기다리세요' 라는 말로, 관용적으로 매우 자주 사용합니다. **请等一下**도 같은 뜻이지요.

★돌발퀴즈 정답　① 五苹果　② 一只狗　③ 三张地图

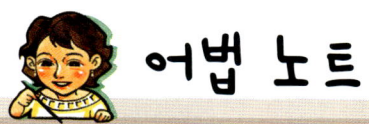
어법 노트

1 跟 ~ 一样 ~부터 …까지

개사 跟은 ① 동작의 대상을 끌어 들일 때 ② 비교의 대상을 끌어 들일 때 사용합니다.
跟~一样은 '~과 같다'라는 뜻으로 동등비교 구문에 쓰입니다.

有事要跟大家商量。

~와 함께

你快跟爸爸说说。

…에게, …를 향하여

我也跟你一样，想吃辣的。

~와 같다

51

2 得

得는 능원동사이며 구어체에서 많이 사용됩니다. '마땅히 …해야 한다(사실, 의미상)', '~할 필요가 있다(필요성)', '틀림없이 ~할 것이다(추측)' 의 뜻입니다.

주의 : '得(~해야 한다)'의 부정형은 '不用(~할 필요없다)' 이며, '不得'라고 하지 않습니다.

你要吃拉面，就得等10分钟。
好的。

(사실상) …해야한다

你得回家吃饭。
不用回家吃饭，跟我吃吧。

(필요) ~할 필요가 있다

要不写作业，就得挨骂。

生词 New words

挨骂　ái mà　야단맞다, 욕먹다

 어법 연습

* 보기를 참고하여 문장을 만들어 보세요.

 Zǎodiǎnr huílái　　Nǐ děi zǎodiǎnr huílái.
[早点儿回来] → 你得早点儿回来。

1 [回家做饭]
 _____

2 [每天学习两个小时汉语]
 _____

3 [给朋友写信]
 _____

4 [给他打个电话]
_____

어조 및 어감

1 생략문에서의 어조 : 呢로 끝나는 생략문에서, 呢 앞의 단어를 강조해서 읽고 문장 끝은 내려 읽습니다.

① 我想吃辣的, 你呢? ↓

② 包呢? ↓

2 수사 '一'이 수식하는 경우, '一'을 강조해서 읽어야 하며, 다른 수사의 경우는 가볍게 읽습니다.

① 再来一个鸡蛋汤。

② 我要两碗米饭。

① 包子　bāozi　한국에서 흔히 먹는 왕만두
② 饺子　jiǎozi　소가 있는 물만두
③ 混沌　hùndùn　만두국
　＊馒头　mántou　소가 없는 찐빵

문형 연습

1 보기를 참고하여, 주어진 단어로 대화문을 만들어 보세요.

> 보기
> 问: 你明天得去哪儿？　　　答: 我明天得去朋友家。

①  [去学校]

②  [去游泳]

③  [去看电影]

④  [去美国]

2 어순을 바로잡아 다시 써 보세요.

① 我　跟　一样　他　喜欢　苹果　吃

② 宝宝　佳佳　跟　一样　高

③ 得　学生　努力　学习

④ 明天　去　得　我们　看望　老师

⑤ 非常　中国菜　好　吃

生词 New words

看望　kàn wàng　방문하다, 문안하다

듣고 쓰는 연습문제

1 녹음 내용을 잘 듣고, 답을 써 보세요.

① 宝宝昨天也一起去吃饭了吗?

_____

② 佳佳跟娜英一样，想吃什么?

_____

③ 宝宝为什么没去?

_____

④ 宝宝有妹妹吗?

_____

2 다음 중국어 대화문을 들으며 빈 곳을 완성하세요.

A 你想吃什么?

B 我想吃_____。你呢?

A 我也_____你_____，想吃_____。

B 那，我们_____香辣牛肉吧。

A 好的。服务员，_____个香辣牛肉吧。

C 这个_____等10分钟。可以吗?

중국어 바다에서
헤엄치기

● 학습목표
1. 因为~所以/跟~一样
2. 능원동사 能/得

王老师住院了。

最近教我们语法的王老师住院了，听说**因为**太累，**所以**晕倒了。

최근 우리에게 어법을 가르치시는 왕 선생님이 입원하셨습니다. 듣기로는 너무 피곤하셔서 쓰러지셨답니다.

'중국어 바다에서 헤엄치기'에서는 지난 과에서 배운 내용을 활용하여 장문을 해석하고, 이에 따른 다양한 표현 방법을 익혀봅니다

娜英的日记 (나영의 일기)

(一) 王老师病了。

我是娜英，最近教我们语法的王老师住院了，听说因为太累，所以晕倒了。

我和宝宝星期三下午去医院看了王老师。

她的脸色不太好，医生说得多休息。

王老师是我最喜欢的老师，她讲得非常好。

因为年纪跟我妈妈一样，所以我特别喜欢她，

希望她能快点康复。

生词 New words

最近 zuìjìn 최근에
*最近我到上海去了一趟。 나는 최근 상해에 한 차례 다녀 왔습니다.

脸色 liǎnsè 안색, 얼굴색
*脸色苍白 안색이 창백합니다.

年纪 niánjì 연세, 나이
*你爷爷今年多大年纪？ 당신 할아버지는 올해 연세가 어떻게 되십니까?

康复 kāngfù (건강을) 회복하다
*希望你早日康复。 빨리 건강을 회복하시길 바랍니다.

꼼꼼 강의 노트

① Zuìjìn jiāo wǒmen yǔfǎ de Wáng lǎoshī zhù yuàn le.
最近教我们语法的王老师住院了。
요즘 우리에게 어법을 가르치던 왕 선생님께서 입원하셨어요.

동사 教 뒤에 목적어가 두 개 나왔죠? '~에게 무엇을 가르치다'라고 할 때 먼저 대상이 되는 사람이 [간접 목적어]가 되고, 뒤에 [직접 목적어]를 써 줍니다.

② Wǒ hé Bǎobao xīngqīsān xiàwǔ qù yīyuàn kàn le wánglǎoshī.
我和宝宝星期三下午去医院看了王老师。
나와 바오바오는 수요일 오후에 왕선생님을 병문안하러 병원에 갔어요.

중국어는 행동의 순서대로 어순이 형성됩니다. 이것을 '연동문'이라고 해요. 위의 문장도 '병원에 가서' '왕 선생님을 병문안 했다'를 순서대로 쓴 거죠. [동사+목적어] 구조를 시간 순서대로 연달아 쓰면 긴 문장도 쉽게 만들 수 있겠지요?

③ Tā de liǎnsè bú tài hǎo, yīshēng shuō děi duō xiūxi.
她的脸色不太好，医生说得多休息。
그녀의 안색이 좋지 않아서 의사 선생님은 휴식을 많이 해야 한다고 하십니다.

이 문장에서는 得를 주의 깊게 봐 둡시다. 得는 '~을 해야 한다'는 뜻의 능원동사입니다.

　　Nǐ děi shǎo chī yì diǎnr.
　　你得少吃一点儿。　　넌 좀 적게 먹어야 돼.

　　Wǒ děi zhǔnbèi kǎoshì.
　　我得准备考试。　　나는 시험을 준비해야 돼.

④ *Wáng lǎoshī shì wǒ zuì xǐhuan de lǎoshī, tā jiǎng de fēicháng hǎo.*
王老师是我最喜欢的老师，她讲得非常好。
왕선생님은 내가 제일 좋아하는 선생님으로 아주 잘 가르치십니다.

'**她讲得非常好。**'는 정도보어 구문입니다. 여기서 구조조사 **得**는 de로 읽는 것에 주의하시구요. 기본적인 정도보어 문형은 [동사+**得**+(정도부사)+형용사]로, 동작의 정도를 뒤에서 형용사가 설명해 줍니다.

Jiǎng de bú tài hǎo
讲得不太好 별로 잘 가르치지 못하다

Jiǎng de hěn hǎo
讲得很好 잘 가르치다

⑤ *Xīwàng tā néng kuàidiǎn kāngfù.*
希望她能快点康复。 그녀가 빨리 회복하실 수 있기를 바랍니다.

'**希望**'은 '바란다'는 뜻으로 문장의 첫머리에 위치합니다. 이 문장에서 **能**은 빨리 회복할 수 있는 상황의 가능성을 뜻하는 능원동사입니다.

Xīwàng nǐ Jīnwǎn néng lái.
希望你今晚能来。 네가 오늘 저녁 올 수 있기를 바래.

娜英的日记(나영의 일기)

(二) 点菜

Zuótiān, wǒ hé Jiājia yìqǐ chī le yí dùn fàn.
昨天，我和佳佳一起吃了一顿饭。

yīnwèi wǒ hěn xiǎng jiā, suǒyǐ xiǎng chī là de dōngxi,
因为我很想家，**所以**想吃辣的东西，

jiājia shuō tā gēn wǒ yíyàng, yě xiǎng chī là de.
佳佳说她**跟**我**一样**，也想吃辣的。

Wǒmen diǎn le yíge xiānglà niúròu, fúwùyuán shuō děi děng shí fēnzhōng,
我们点了一个香辣牛肉，服务员说**得**等十分钟，

Wǒmen shuō xíng, yòu diǎn le yì wǎn jīdàntāng hé liǎng wǎn mǐfàn.
我们说行，又点了一碗鸡蛋汤和两碗米饭。

Xiānglà niúròu fēicháng hàochī, wǒ hěn xǐhuan chī Zhōngguócài.
香辣牛肉非常好吃，我很喜欢吃中国菜。

生词 New words

顿 dùn 끼니 (양사)
*我们一天吃三顿饭。 우리는 하루 세 끼를 먹는다.

想 xiǎng 그리워하다
*我特别想你。 나는 네가 너무 그리워.

行 xíng 좋다, 되다
*A: 咱们六点见面吧。 우리 6시에 만나자.
 B: 行! 좋아!

汤 tāng 탕, 국

61

꼼꼼 강의 노트

① 我和佳佳一起吃了一顿饭。
Wǒ hé Jiājia yìqǐ chī le yí dùn fàn.
나는 지아지아와 함께 식사를 했다.

一顿饭은 '한 끼 식사'라는 뜻으로 밥의 양사 顿이 쓰였네요. 뒤에 饭이 나오지 않으면 顿은 '끼니'라는 뜻의 명사가 된답니다.

② 因为我很想家，所以想吃辣的东西。
Yīnwèi wǒ hěn xiǎng jiā, suǒyǐ xiǎng chī là de dōngxi.
나는 집이 매우 그리워서 매운 것을 먹고 싶었다.

[因为~所以...] 구문이 쓰였네요. '집 생각이 났기 때문에, 매운 것을 먹고 싶었다'라는 뜻이죠. 앞에 나온 想은 '생각나다, 그리워하다'라는 동사이고, 뒤의 절에 나온 想은 '~하고 싶다'라는 뜻의 능원동사입니다.

③ 服务员说得等十分钟。
fúwùyuán shuō děi děng shí fēnzhōng.
종업원은 10분은 기다려야 한다고 말한다.

이 문장 잘 이해 되시나요? 문장의 주동사는 说이고, '得等十分钟'은 목적어로 식당 직원이 말한 내용입니다. 得는 '~해야 한다'는 능원동사니까 'děi'로 읽는 것 주의하세요.

④ 我们说行。
Wǒmen shuō xíng.
우리는 괜찮다고 말했다.

行은 '좋다, 괜찮다'의 뜻으로 일상 회화에서 많이 사용합니다.

行，咱们就照这样办吧！
Xíng, zánmen jiù zhào zhèyang bàn ba!
좋아, 우리 그럼 이렇게 처리하자!

行了，车修好了。
xíngle, chē xiu hǎo le.
됐어, 차 다 고쳤어.

문형 연습

1 어순을 바로잡아 다시 써 보세요.

① 生病　王老师　因为　所以　住院　了

② 得　学生，他　是　上学

③ 这本书　那本书　一样　跟

④ 小李　帮助　能　我们　这件事

2 틀리거나 어색한 부분을 고쳐 보세요.

① 他因为感冒，所以来上学。
② 妈妈跟我喜欢看书。
③ 王老师要求我们交作业得。
④ 他会游泳，会游3米。

3 맞는 단어를 골라 빈 칸을 채워 보세요.

> 보기　因为~所以　　得　　能　　跟~一样

① 我们是学生，＿＿＿好好儿学习。
② ＿＿＿妹妹很可爱，＿＿＿大家都喜欢她。
③ 宝宝＿＿＿佳佳＿＿＿高。
④ 我＿＿＿听懂汉语。

 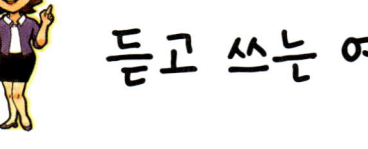

 녹음을 잘 듣고, 질문에 대한 답을 써 보세요.

① 谁找娜英一起去看王老师?

② 他们什么时候去看王老师的?

③ 他们去看王老师时, 王老师怎么样?

④ 王老师讲课讲得怎么样?

⑤ 娜英为什么特别喜欢王老师?

2 다음 빈칸을 채우세요.

① 听说她_____太累, _____晕倒了。

② 她的_____不太好, 医生说_____多休息。

③ 王老师因为年纪_____我妈妈_____,
所以我_____喜欢她。

④ 希望她_____快点康复。

● 학습목표
1. 既~又...
2. 一点儿也不~

这件大衣我可以试一试吗?

Zhè jiàn jì bǎonuǎn, yòu fáng fēng.
这件既保暖，又防风。 이 옷은 보온도 되고 방풍도 됩니다.

Yìdiǎnr yě bù shēn.
一点儿也不深。 조금도 진하지 않아요.

학습 길잡이

이번 과에서는 [既~又…](~이기도 하고 …이기도 하다) 라는 문형을 통해 두 개의 성질 또는 상태가 병존하는 표현법을 배우며, [一点儿也不~](조금도 ~하지 않다)의 강조 용법을 학습합니다.

상황별 회화

娜英　　Zhè jiàn dàyī wǒ kěyǐ shì yi shì ma?
　　　　这件大衣我可以试一试吗？

售货员　Dāngrán kěyǐ, zhè jiàn shì zhōnghào, nín chuān yídìng héshì.
　　　　当然可以，这件是中号，您穿一定合适。

娜英　　Yánsè yǒudiǎnr tài shēn le ba.
　　　　颜色有点儿太深了吧。

售货员　Yìdiǎnr yě bù shēn, zhè shì jīnnián zuì liúxíng de yánsè.
　　　　一点儿也不深，这是今年最流行的颜色。

娜英　　Shì ma? Běijīng dōngtiān hěn lěng ba? Zhèjiàn bǎonuǎn ma?
　　　　是吗？北京冬天很冷吧？这件保暖吗？

售货员　Nín fàngxīn, zhè jiàn jì bǎonuǎn, yòu fángfēng.
　　　　您放心，这件既保暖，又防风。

娜英　　Nà, jiù yào zhè jiàn ba.
　　　　那，就要这件吧。

售货员　Hǎo de, wǒ gěi nín bāoshàng.
　　　　好的，我给您包上。

生词 New words

件 jiàn 벌(옷을 세는 양사)　　大衣 dàyī 오버코트　　试 shì 시도하다　　当然 dāngrán 당연하다
中号 zhōnghào 중사이즈　　穿 chuān 입다(옷,구두,장갑 등에 사용)　　一定 yídìng 반드시
合适 héshì 적당하다. 어울리다　　颜色 yánsè 색깔　　深 shēn 진하다
流行 liúxíng 유행하다　　冷 lěng 춥다　　保暖 bǎonuǎn 보온이 된다
防风 fángfēng 방풍이 된다　　包 bāo 포장하다

꼼꼼 강의 노트

① Zhè jiàn dàyī wǒ kěyǐ shì yi shì ma?
这件大衣我可以试一试吗? 　이 옷 입어봐도 되나요?

件은 옷을 세는 양사입니다. **可以**는 상대방의 허락 또는 동의를 얻을 때 사용하는 능원동사죠. 옷이나 신발을 살 때, 입거나 신어봐도 되냐고 물을 때는 동사 **试**를 주로 사용합니다.

② Dāngrán kěyǐ, zhè jiàn shì zhōnghào, nín chuān yídìng héshì.
当然可以, 这件是中号, 您穿一定合适。
당연히 가능하지요, 이 옷은 중간 사이즈니까 당신이 입으면 꼭 맞으실 거에요.

这件은 '이 옷'이라는 뜻으로 여기서는 양사 **件**이 명사를 대신했습니다. 앞뒤 문맥상 이해가 될 때 [지시대사+양사] 뒤의 명사가 생략되는 경우가 종종 있답니다. 그럴 때는 그냥 양사를 명사처럼 해석해 주면 됩니다.

　　Nǐ kàn zhè běn (shū) ba.
　　你看这本(书)吧。 　네가 이 책을 봐.

　　Nà píng (jiǔ) tài guì le.
　　那瓶(酒)太贵了。 　저 술은 너무 비싸.

③ Yánsè yǒudiǎnr tài shēn le ba.
颜色有点儿太深了吧。 　색이 약간 진한 것 같은데요.

有点儿은 '약간~하다'라는 뜻으로 전체적으로 부정적 어감을 줍니다. 형용사 앞에서 수식하는 부사어죠. 명사 앞이나 형용사 뒤에서 '조금, 약간'의 수량을 나타내는 **一点儿**과 비교해서 알아둡시다.

　　买一点儿水果。 　　(○)
　　买有点儿水果。 　　(×)

④ **Shì ma? Běijīng dōngtiān hěn lěng ba? Zhè jiàn bǎonuǎn ma?**
是吗？北京冬天很冷吧？这件保暖吗？
그래요? 북경의 겨울은 춥지요? 이 옷은 보온이 되나요?

北京冬天很冷吧?에서 吧는 추측을 나타내는 어기조사입니다.

⑤ **Nín fàngxīn, zhè jiàn jì bǎonuǎn, yòu fáng fēng.**
您放心，这件既保暖，又防风。
이 옷은 보온도 되고 방풍도 됩니다. 걱정하지 않으셔도 돼요.

이과의 학습 목표 既~ , 又… 구문이 나왔네요. '~이기도 하고 …이기도 하다'로 해석하죠. 뒤의 어법 분석에서 좀 더 자세히 다뤄봅시다.

⑥ **Nà, jiù yào zhè jiàn ba.**
那，就要这件吧。 그럼 이 옷을 주세요.

여기서 要는 물건 구매 시 결정을 나타낼 때 주로 쓰는 동사입니다. '~로 주세요.'라는 뜻으로 해석합니다.

    Zhè ge hǎo, nà ge yě hǎo. nǎ ge zuì hǎo ne?
A: **这个好，那个也好。哪个最好呢？**
    이것도 좋고 저것도 좋고 어느 것이 제일 좋을까요?

    Zhè ge zěn me yàng?
B: **这个怎么样？** 이거 어때요?

    Hǎo a, jiù yào zhè ge ba.
A: **好啊，就要这个吧。** 좋아요, 이걸로 주세요.

⑦ **Hǎo de, wǒ gěi nín bāoshàng.**
好的，我给您包上。 네. 포장해 드릴께요.

여기서 给는 개사로써 '~에게(…해 주다)'로 해석합니다. [给＋주는 대상＋동사]의 어순이지요. 包上은 包(포장하다)와 上(동작의 완성이나 집중을 나타내는 결과보에)로 분석할 수 있습니다.

    关上 닫다   锁上 잠그다

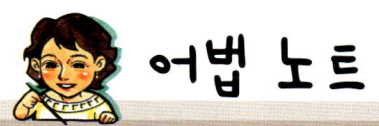 어법 노트

1 既 ~ 又... [접속사] ~할 뿐만 아니라, 또한 …하다

既는 '又' '也' 등의 부사와 같이 호응하여, 두 개의 성질 또는 상태가 병존하는 것을 나타냅니다.

既是办公室，又是卧室。

他既聪明又用功。

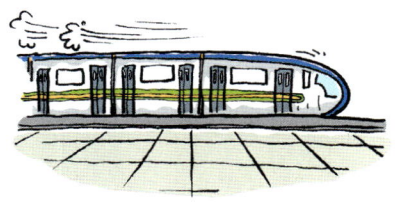
北京的地铁既快又好。

生词 New words

卧室 wòshi 침실　　用功 yònggōng 열심이다

2 一点儿也不

(강조용법) 부정적인 뜻으로 쓰여서 '조금도 ~하지 않다'

最近我很闲,一点儿也不忙。

A: 这件裙子太短了吧。
B: 一点儿也不短,你放心。

我们分手了,他对我一点儿也不感兴趣。

生词 New words

闲 xián 한가하다　裙子 qúnzi 치마, 스커트　短 duǎn 짧다　放心 fàng xīn 안심하다
分手 fēn shǒu 헤어지다

어법 연습

* 그림을 보고, 참고단어를 사용해 보기와 같이 연습해 보세요.

là rè
[辣, 热] → Zhè tāng jì là yòu rè.
这汤既辣又热。
→ Zhè tāng yìdiǎnr yě bú là.
这汤一点儿也不辣。

1 [香辣牛肉, 好吃, 便宜]

➡ _____

➡ _____

2 [大衣, 保温, 防风]

➡ _____

➡ _____

3 [这孩子, 淘气, 聪明]

➡ _____

➡ _____

71

어조 및 어감

1 동사가 중첩될 때 첫 글자를 강조합니다.

试试　　想想

试一试　　想一想。

2 ABAB 형식으로 중첩될 때

学习学习　　联系联系

쉬어가기

北京的冬天

북경의 겨울은 영하 15도까지 내려 가며 결빙기에는 썰매를 즐겨 탑니다.

문형 연습

1 그림을 보고, 주어진 단어를 참고 삼아 보기와 같이 묻고 답하세요.

> 보기
> 问: 这件大衣怎么样?
> 答: 这件大衣既便宜又漂亮。

①
[演员, 个子高, 长得帅]

②
[天空, 高, 蓝]

③
[大衣, 长, 厚]

2 어순에 맞게 다시 써 보세요.

① 老师　我们　的　既~又　认真　严格

② 一点也不　我　喜欢　可乐　喝

③ 冬天　的　北京　漂亮　非常

④ 大衣　这　多少　件　钱

⑤ 宝宝　既~又　英语　韩语　会

 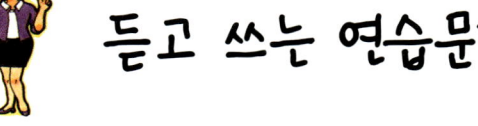

1 녹음을 잘 듣고, 대답해 보세요.

① 谁要买大衣?

② 为什么要买大衣?

③ 她想买什么样的大衣?

④ 她们约定什么时候去买大衣?

2 다음 중국어 대화문을 들으면서 빈 곳을 완성하세요.

A ＿＿＿北京的冬天＿＿＿，我想买一件大衣。

B 行，你想买＿＿＿什么样的?

A ＿＿＿漂亮＿＿＿保暖的。

B 我们＿＿＿一起去看看吧。

● 학습목표 | 1. 好像 ~ 似的
2. 才

从这儿到王府井远吗?

Tīng nǐ de kǒuyīn, hǎoxiàng wàiguórén shì de.
听你的口音，好像外国人似的。
당신의 발음을 들으니 마치 외국인 같군요.

Wǒ lái Zhōngguó cái wǔ ge yuè.
我来中国才五个月。 중국에 온지 이제 5개월 되었어요.

학습 길잡이

好像 ~ 似的 마치 ~와 흡사하다

앞의 문장과 연결되어서 보완하는 의미로 사용됩니다.
일·동작이 방금 발생했거나, 또는 기대보다 늦게 발생한 것을 표시하는 **才**를 학습하면서 다양한 표현을 익혀봅니다.

상황별 회화

娜英 去王府井。
Qù Wángfǔjǐng.

司机 好的,请上车吧。
Hǎo de, qǐng shàng chē ba.

娜英 请问,从这儿到王府井远吗?
Qǐng wèn, cóng zhèr dào Wángfǔjǐng yuǎn ma?

司机 不太远,十分钟吧。
Bútài yuǎn, shí fēnzhōng ba.

娜英 听说王府井的小吃非常好吃,是吗?
Tīngshuō Wángfǔjǐng de xiǎochī fēicháng hàochī, shì ma?

司机 是啊。听你的口音,好像外国人似的。
Shì a. Tīng nǐ de kǒuyīn, hǎoxiàng wàiguórén shì de.

娜英 对,我是韩国人。我来中国才五个月。
Duì, wǒ shì Hánguó rén. Wǒ lái Zhōngguó cái wǔ ge yuè.

司机 那你的汉语很好啊!
Nà nǐ de Hànyǔ hěn hǎo a!

娜英 您过奖了,谢谢。
Nín guò jiǎng le, xièxie.

生词 New words

王府井 Wángfǔjǐng 왕푸징 (북경의 번화한 쇼핑가)   上车 shàng chē 차를 타다
小吃 xiǎochī 스낵, 간단한 먹거리   口音 kǒuyīn 억양, 말투   外国人 wàiguórén 외국인
好像 ~ 似的 hǎoxiàng ~shì de 마치 ~와 같다   过奖 guò jiǎng 지나치게 칭찬하다, 과찬하다

꼼꼼 강의 노트

① Qù Wángfǔjǐng.
去王府井。 왕푸징 갑시다.

택시기사에게 목적지를 말할 때 간단하게 [去+목적지]로 간단하게 표현할 수 있습니다.

② Qǐngwèn, cóng zhèr dào Wángfǔjǐng yuǎn ma?
请问, 从这儿到王府井远吗?
저기요, 여기에서 왕푸징까지 멀어요?

'请问'은 뭔가를 물을 때 '실례합니다'하고 먼저 사용하는 말입니다. '从这儿到王府井'은 '여기에서 왕푸징까지'라는 말이죠. 从~到 구문은 출발지와 목적지를 나타낼 수 있는 전치사구입니다.

③ Bú tài yuǎn, shí fēnzhōng ba.
不太远, 十分钟吧。 10분정도 걸립니다.

문장 끝의 **吧**는 추측의 어기를 나타냅니다.

　　Wǒ zài kàn diànshì.
　明天下雨吧? 내일 비가 오겠지?

　　Wǒ zài tīng
　不会吧。 안 그럴 걸.

④ Tīngshuō Wángfǔjǐng de xiǎochī fēicháng hàochī, shì ma?
听说王府井的小吃非常好吃, 是吗?
듣자하니 왕푸징의 먹거리가 무척 맛있다던데, 그런가요?

听说는 '듣자하니' 라는 뜻이구요, **是吗?**는 상대방에게 확인을 구하는 말이죠.

❺ Shì a. Tīng nǐ de kǒuyīn, hǎoxiàng wàiguórén shì de.
是啊。听你的口音,好像外国人似的。
당신의 발음을 들으니 마치 외국인 같군요.

'**好像 ~ 似的**'는 '마치 ~과 흡사하다'의 뜻으로 무엇과 비교하여 묘사할 때 사용하는 구문입니다.

❻ Duì, wǒ shì Hánguó rén. Wǒ lái Zhōngguó cái wǔ ge yuè.
对,我是韩国人。我来中国才五个月。
맞아요, 저는 한국인이에요. 중국에 온지 이제 5개월 되었어요.

才는 다양한 의미로 사용되는 부사입니다. 이 문장에서는 '이제', '막'의 뜻으로 쓰였지만, '겨우', '이제서야' 등의 의미로도 사용됩니다. 아래의 예문을 통해 어감 차이를 느껴보세요.

Nǐ zěnme cái sìdiǎn jiù xià bān?
你怎么才四点就下班?
너 어떻게 네 시밖에 안 되었는데 퇴근을 했니?

Tā wǎnshang shí diǎn cái huí jiā.
他晚上十点才回家。 그는 저녁 열 시가 되어서야 집에 왔다.

Tā jiéhūn shínián cái shēng xià yíge nǚer.
她结婚十年才生下一个女儿。
그녀는 결혼 십 년 만에야 딸을 하나 낳았다.

❻ Nín guòjiǎng le, xièxie.
您过奖了,谢谢。 과찬이십니다, 고맙습니다.

칭찬받았을 때 겸손하게 응답하는 표현이죠. '**哪里哪里**'라고 해도 됩니다.

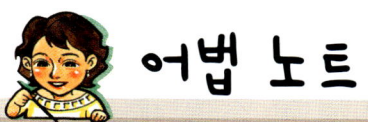

어법 노트

1 好像~似的 마치 …과 같다[비슷하다]

似的 대신에 一样과도 어울려 쓰입니다.

他说汉语说得很好，好像中国人似的。

秋天了，天空的颜色好像大海似的。

她长得好像演员似的。

生词 New words

长得 zhǎng de 생기다   演员 yǎnyuán 영화배우

2 才 ① 겨우   ② ~에야 비로소   ③ 방금, 이제, 막

才는 부사로 매우 다양한 용도로 쓰입니다.

他的个子才一米五。

电影七点才开演，现在去肯定不会晚。

你怎么现在才来？

生词 New words

肯定 kěndìng 확실하다   开演 kāi yǎn 영화를 시작하다

어법 연습

* 그림을 보고, 주어진 단어를 이용해 보기와 같이 문장을 만드세요.

보기
他的口音, 中国人
Tā de kǒuyīn hǎoxiàng Zhōngguó rén shì de.
→ 他的口音好像中国人似的。

1 [上衣太大, 大衣]
→ _____

2 [他们俩, 老朋友]
→ _____

3 [他的手艺, 厨师]
→ _____

4 [听他的口音, 韩国人]
→ _____

어조 및 어감

1 숫자를 나타내는 말을 강조해서 읽습니다.

五个月　　两本书　　六位老师

2 문장중 '才', '只', '就'와 같은 부사를 강조해서 읽습니다.

① 我来中国才五个月。

② 他只对我说了。

③ 这件事，就我自己知道。

쉬어가기

꽃 중의 왕이라고 불리는 모란꽃은 중국의 국화입니다. 중국 특유의 색깔을 띠고 있으며 꽃이 크고 향이 진하며 품종도 많은 것으로 유명하지요. 오랜 기간 동안 모란꽃은 부귀와 번영의 상징이 되어 왔습니다. 해발 1500미터의 산록과 숲에 서식하며 당대부터 재배되기 시작하였습니다. 중국의 모란꽃 재배의 중심지는 당대의 장안에서 현재 낙양으로 옮겨져 중국 제일의 유명한 산지가 되었습니다.

문형 연습

1 그림을 보고, 보기를 참고하여 묻고 답해 보세요.

> 问: 他长得怎么样?
> 答: 他长得很帅, 好像演员似的。

①
[男模特]
他长得怎么样?
_____

②
[李小龙]
他长得怎么样?
_____

2 어순에 맞게 다시 써 보세요.

① 好像 似的 老师 妈妈

_____

② 她 眼睛 湖水 好像 似的 的

_____

③ 小吃 北京 我 吃 非常 喜欢

_____

④ 工作 才 小王 两个月 在这

_____

듣고 쓰는 연습문제

1 녹음을 잘 듣고, 아래의 질문에 답해 보세요.

① 这个对话发生在什么地方？

② 司机一天要工作几个小时？

③ 司机的儿子几岁了？

④ 他的儿子为什么有意思？

2 다음 중국어 대화문을 들으면서 빈 곳을 완성하세요.

① 您工作很_____吧？

② _____坐着，很累啊。

③ 我儿子_____，说话_____大人_____，非常有意思。

중국어 바다에서 헤엄치기

● 학습목표
1. 既~又… / 好像~似的
2. 才 / 一点也不~

09 娜英的一周

Wǒ mǎi le yíjiàn jì nuǎnhuo, yòu fángfēng de, dì èr tiān chuān le,
我买了一件**既**暖和，**又**防风的，第二天穿了，
zhēn de yìdiǎn yě bù lěng.
真的**一点也不**冷。
나는 따뜻하고 방풍도 잘되는 옷을 사서 그 다음날 입어 보았는데 정말로 하나도 춥지 않았습니다.

Wángfǔjǐng hěn rènao, hǎoxiàng Hánguó de Míngdòng shìde.
王府井很热闹，**好像**韩国的明洞**似的**。
왕푸징은 아주 번화하였고 마치 한국의 명동거리 같았습니다.

'중국어 바다에서 헤엄치기'에서는 지난 과에서 배운 내용을 활용하여 장문을 해석하고, 이에 따른 다양한 표현 방법을 익혀봅니다.

娜英的日记(나영의 일기)

娜英的一周

Lái Běijīng yǐjīng wǔ ge yuè le. Zuìjìn tiānqì hěn lěng, suǒyǐ,
来北京已经五个月了。最近天气很冷，所以，

wǒ qù bǎihuòshāngdiàn mǎi le jiàn dàyī, wǒ mǎi le yí jiàn jì nuǎnhuo,
我去百货商店买了件大衣，我买了一件既暖和，

yòu fángfēng de. Dì-èr tiān chuān le, zhēn de yìdiǎnr yě bù lěng.
又防风的。第二天穿了，真的一点儿也不冷。

Zhōumò, wǒ dǎ chē qù le Wángfǔjǐng, dīshì sījī hěn qīnqiè,
周末，我打车去了王府井，的士司机很亲切，

wǒmen yìzhí liáotiān, tā kuā wǒ de Hànyǔ hěn hǎo, wǒ fēicháng gāoxìng.
我们一直聊天，他夸我的汉语很好，我非常高兴。

Wángfǔjǐng hěn rènao, hǎoxiàng Hánguó de Míngdòng shìde,
王府井很热闹，好像韩国的明洞似的，

jì yǒu fēicháng dà de bǎihuòshāngdiàn, yòu yǒu shāngyèjiē, mài gè zhǒng jìniànpǐn.
既有非常大的百货商店，又有商业街，卖各种纪念品。

Wángfǔjǐng de xiǎochī hěn duō, wǒ chī le hěn duō zhǒng, cái huā le wǔshí kuài qián.
王府井的小吃很多，我吃了很多种，才花了五十块钱。

Zhēnshì jì piányi, yòu hàochī. Zhè yì zhōu, wǒ guò de hěn yúkuài.
真是既便宜，又好吃。这一周，我过得很愉快。

生词 New words

百货商店(=百货大楼) bǎihuòshāngdiàn 백화점　　暖和 nuǎnhuo 온화하다. 따뜻하다
真的 zhēnde ① 참으로, 정말로, 진실로 *我真的不知道。 나는 정말로 모른다.
　　　　　　② 진짜(물건) *真的还是假的？ 진짜냐 가짜냐?
打车 dǎ chē 차를 잡다
的士 dīshì 택시 (영어의 taxi를 음역해서 만든 말) (=出租汽车 chūzū qìchē)
亲切 qīnqiè 친절하다　　一直 yìzhí 똑바로, 곧바로 / 계속해서, 연속해서
聊天 liáotiān 한담하다, 잡담하다
夸 kuā 칭찬하다. 과장하다　　*人人都夸他学习好。 다들 그가 공부를 잘한다고 칭찬한다.
热闹 rènao 번화하다, 복잡하다　　明洞 Míngdòng 명동
商业街 shāngyèjiē 상가거리, 상점가　　纪念品 jìniànpǐn 기념품
花 huā [동사] 소비하다. 쓰다. 소모하다. 들(이)다. 걸리다 *人花钱 돈을 쓰다 花时间 시간을 쓰다

 꼼꼼 강의 노트

① Lái Běijīng yǐjīng wǔ ge yuè le.
来北京已经五个月了。 북경에 온지도 이미 5개월이 지났습니다.

문장 끝의 어기조사 了는 '(시간의) 변화'를 나타내는 의미로 쓰였습니다.

Wǒ yě zhèyàng xiǎng.
春天了。 봄이 되었어요.

Hǎo piàoliang a!
快月底了。 곧 월말이에요.

② Zhōumò, wǒ dǎ chē qù le Wángfǔjǐng.
周末，我打车去了王府井。
주말에 나는 차를 타고 왕푸징으로 갔습니다.

打는 여러 용도로 쓰이는 동사입니다. 몇 가지만 알아볼까요?

① 때리다, 치다 **打人** 사람을 때리다
② 발송하다, 보내다, (전화를) 걸다 **打电话** 전화를 걸다
③ 잡다, 포획하다 **打车** 차를 잡다

③ Tā kuā wǒ de Hànyǔ hěn hǎo, wǒ fēicháng gāoxìng.
他夸我的汉语很好，我非常高兴。
내가 아주 중국어를 잘한다며 칭찬해 주셔서 나는 기분이 좋았습니다.

문장구조를 분석해 봅시다. 주어＋동사＋빈어[주어＋술어]의 구조네요. 빈어가 하나의 단어가 아니라 [주어＋술어]로 이루어져 있는 복문입니다. **非常**은 '대단히, 매우' 라는 정도 부사입니다.

④ Wángfǔjǐng hěn rènao, hǎoxiàng Hánguó de Míngdòng shì de, jì yǒu fēicháng
王府井很热闹，好像韩国的明洞似的，既有非常
dà de bǎihuòshāngdiàn, yòu yǒu shāngyèjiē, mài gè zhǒng jìniànpǐn.
大的百货商店，又有商业街，卖各种纪念品。

왕푸징은 아주 번화하였고 마치 한국의 명동거리 같았습니다. 아주 큰 백화점도 있었고 상점가도 있어서 각종 기념품을 팔고 있습니다.

好像~似的은 '마치 ~과 같다'라고 묘사할 때 자주 쓰는 문형입니다. '既(有)~又(有)…' 문형은 '~도 있고, ~도 있다'라고 해석하면 되겠지요?

⑤ Wǒ chī le hěn duō zhǒng, cái huā le wǔshí kuàiqián.
我吃了很多种，才花了五十块钱。

나는 매우 여러 종류를 먹었는데, 겨우 50원밖에 쓰지 않았습니다.

才는 '겨우'라는 뜻이지요. 수량이나 정도가 생각했던 것보다 작거나 낮을 때 쓰는 부사입니다.

⑥ Zhè yìzhōu, wǒ guò de hěn yúkuài.
这一周，我过得很愉快。

이번 한 주간, 나는 매우 즐겁게 보냈습니다.

정도보어 구문이 나왔습니다. 정도 보어는 동사 뒤에서 그 동작의 정도나 수준을 묘사하거나 설명합니다. 사이에서 구조조사 得가 연결고리 역할을 하지요.

过[동사] + 得[조사] + 很[부사] + 愉快[형용사]

跑得很快   빨리 달린다   说得很好   말을 잘한다

  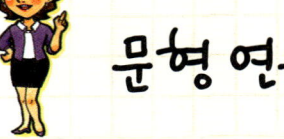

문형 연습

1 어순을 바로잡아 다시 써 보세요.

① 北京　好吃　小吃　既~又　的　便宜

_____

② 各种　卖　纪念品　商业街

_____

③ 好像~似的　王府井　明洞

_____

④ 我　才　五十块钱　花　了

_____

2 틀리거나 어색한 부분을 고쳐 보세요.

① 听说北京的冬天一点儿也冷。_____

② 我吃了很多花了50块钱才。_____

③ 大衣既暖和，还防风。_____

④ 王府井明洞似的。_____

3 맞는 단어를 골라 빈 칸을 채워 보세요.

| 보기 | 既~又　　好像~似的　　才　　一点也不 |

① 我的个子_____高。

② 我的妹妹长得非常漂亮，_____明星_____。

③ 这本书_____感人，_____有意思。

④ 他_____学习汉语五个月，就说得非常好。

89

듣고 쓰는 연습문제

1 녹음을 잘 듣고, 질문에 대한 답을 써 보세요.

① 北京什么时候会更冷?

___

② 我买的大衣怎么样?

___

③ 我为什么非常吃惊?

___

④ 商业街卖什么?

___

⑤ 我吃小吃花了多少钱?

___

2 다음 빈칸을 채우세요.

① 王府井_____韩国的明洞似的,很_____。

② 王府井既有非常大的_____,又有_____。

③ 王府井卖各种_____。

④ 王府井的小吃既_____,又_____。

2

생활 회화

어순 잡는 기초 공부 Tip!

중국어 문장은 어순만 알면 쉽게 만들 수 있답니다. 2부 총 아홉 과는 기본문장에서 파생되는 문장 회화로 중국어에 쉽게 접근할 수 있고, 중국어 문장 뼈대가 어떻게 구성되는지 알 수 있는 필수 회화문으로 구성하였습니다. 필수 기초 회화는 모두 달달 외우고, 어법노트를 통해 필수 어법 사항을 정리해 보세요. 어순을 알면 중국어 문장이 보입니다.

2부 목차

1과 你又在上网啊? • **93** / 2과 选修课你想选什么? • **103** / 3과 开学了! • **113** / 4과 认识你很高兴。 • **119** / 5과 明天学校的舞会你参加吗? • **129** / 6과 舞会真有意思啊! • **139** / 7과 玲玲, 你去哪儿? • **145** / 8과 你一会儿不是有课吗? • **155** / 9과 准备考试。 • **165**

● 학습목표
1. 除了~以外
2. 多 + 형용사

01 你又在上网啊?

<small>Chú le shàng wǎng yǐwài, méi shìqing zuò.</small>
除了上网以外, 没事情做。
인터넷 하는 것 이외에는 할 일이 없어.

학습 길잡이
접속사 '除了~以外(~이외에)'를 익힘으로써 복문구조를 배웁니다.

상황별 회화

玲玲 Dōngdong, nǐ yòu zài shàng wǎng a?
东东，你又在上网啊？

东东 Fàng jià le, chú le shàng wǎng yǐwài, méi shìqing zuò.
放假了，除了上网以外，没事情做。

玲玲 Nà yě bù néng měitiān shàng a, duō lèi ā.
那也不能每天上啊，多累啊。

东东 Nǐ měitiān dōu zuò shénme?
你每天都做什么？

玲玲 Wǒ yǒushí qù yóuyǒng, yǒushí qù kàn diànyǐng.
我有时去游泳，有时去看电影。

东东 Zuìjìn, yǒu hǎokàn de diànyǐng ma?
最近，有好看的电影吗？

玲玲 Tīngshuō míngtiān shàngyìng Chéng Lóng de xīn piān,
听说明天上映成龙的新片，
wǒmen yìqǐ qù kàn zěnmeyàng?
我们一起去看怎么样？

东东 Tài hǎo le, wǒ zuì xǐhuan Chéng Lóng de diànyǐng.
太好了，我最喜欢成龙的电影。

生词 New words

上网 shàng wǎng 인터넷하다	放假 fàng jià 휴가, 방학		
除了~以外 chú le ~ yǐwài 이외에	事情 shìqing 일	累 lèi 피곤하다, 힘들다	
有时 yǒushí 때로는	游泳 yóuyǒng 수영(하다)	最近 zuìjìn 최근에, 근래	
上映 shàngyìng 상영하다	新片 xīn piān 신편영화		

꼼꼼 강의 노트

① Dōngdong, nǐ yòu zài shàngwǎng a?
东东, 你又在上网啊?   동동, 너 또 인터넷 하고 있니?

부사 又는 '또'라는 뜻으로 어떤 일이 반복하여 발생함을 나타냅니다.

* 又~ 又… : '~하기도 하고, 또 …하기도 하다'

진행형을 만드는 在, 영어의 『동사+ing』와 같다고 보시면 되구요, 어순은 『在＋동사』 입니다. '~하고 있다'로 해석하세요.

② Fàng jià le, chú le shàng wǎng yǐwài, méi shìqing zuò.
放假了, 除了上网以外, 没事情做。
방학했잖아, 인터넷 하는 것 외에 할 일이 없어.

'放假了' 뒤의 了는 무슨 뜻일까요? 문장의 말미 또는 문장 중의 끊어지는 곳에 쓰여서 '변화' 또는 '새로운 상황의 출현'을 표시합니다.
'除了~以外'는 복문을 이끄는 접속사입니다. '~하는 것 밖에는'이라는 뜻이지요.

③ Nà yě bù néng měitiān shàng a, duō lèi a.
那也不能每天上啊, 多累啊。
그래도 매일 인터넷은 할 수 없지, 얼마나 피곤한데.

那也는 전자의 말을 받아서 '그래도'라는 반문의 뜻입니다. 上은 上网에서 목적어를 생략한 표현이죠. 중국인들은 앞에 나온 말을 다시 할 때는 가능하면 다르게 표현하려 합니다.
'多＋형용사＋啊'는 '얼마나~한데'라며 강조할 때 사용하는 문형입니다.

④ Wǒ yǒushí qù yóuyǒng, yǒushí qù kàn diànyǐng.
我有时去游泳，有时去看电影。
난 때로는 수영하러 가고, 때로는 영화를 보러 가.

有时는 有的时候의 준말로 '어떨 때는', '때로는'이라는 뜻입니다. 有는 정해지지 않은 사람이나 날짜 등을 나타낼 때 종종 사용합니다.

有时 어떤 때　　有人 누군가　　有一天 어느 날

⑤ Zuìjìn, yǒu hǎokàn de diànyǐng ma?
最近，有好看的电影吗？ 요즘 볼 만한 영화 있어?

'有~吗?'의 문장이죠. '~이 있습니까?'로 해석합니다. 好看的电影의 的는 수식어를 만드는 조사로 쓰였습니다.

好吃的东西 맛있는 것　　好听的歌 듣기 좋은 노래

⑥ Tīngshuō míngtiān shàngyìng Chéng Lóng de xīnpiān, wǒmen yìqǐ qù kàn zěnmeyàng?
听说明天上映成龙的新片，我们一起去看怎么样？
듣기로는 내일 성룡의 신작이 상영된다던데 우리 같이 가서 보면 어떨까?

一起는 명사와 부사의 용법이 있습니다. 이 문장에서는 부사로 쓰였죠?

① [명사] 한 곳, 한데, 같은 곳　　住在一起 같은 곳에 살다
② [부사] 같이, 더불어, 함께　　跟他一起走 그와 함께 가다

⑦ Tài hǎo le, wǒ zuì xǐhuan Chéng Lóng de diànyǐng.
太好了，我最喜欢成龙的电影。
아주 좋아요, 나는 성룡의 영화를 제일 좋아합니다.

太는 '아주, 매우, 대단히'의 뜻을 지닌 정도부사입니다. 太~了는 '너무나~하다'라는 뜻으로 관용적으로 많이 쓰이는 표현입니다.

太棒了! 너무 멋지다!　　太漂亮了! 너무 예쁘다!

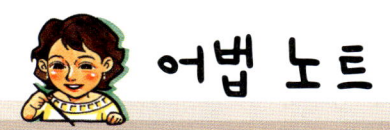

어법 노트

1 除了~以外 [접속사]

① …을 제외하고 [말하는 것을 계산에 넣지 않는 것을 나타냄]
② …외에 또, …외에 …도 [다른 것이 또 있다는 것을 나타냄]
③ …(하지) 않으면 …(을) 하다. [뒷절에서 '**就是**'와 호응하여 '이것이 아니면 저것이다' 라는 뜻]

这件事，除了他以外，谁也不知道。

除了东东以外，你还爱别人吗？

他除了吃以外，就是睡。

2 多~

① 얼마나 (~합니까?) [의문문에 쓰여 정도를 물음]
② 얼마나 (~하는가!) [감탄문에 쓰여 정도가 매우 높음을 표시함]
③ 아무리, 제아무리 (~하더라도)

他多大年纪?

你看他多有精神。

不管他多有钱，我也不喜欢。

어법 연습

* 그림을 보고, 보기의 문장을 참고하여 대답해 보세요.

> 보기
> 问: 都来了吗?
> 答: 除了玲玲以外, 都来了。

1 你喜欢吃什么?
   [狗肉]

   ➡ _____

2 你想喝什么?
   [可乐]

   ➡ _____

3 周末你想做什么?
   [睡觉]

   ➡ _____

4 你今天有空吗?
   [中午]

   ➡ _____

어조 및 어감

1 문장중의 '又'는 강조해서 읽습니다.

① 你又在上网啊?

② 他又去北京了?

2 정도 부사는 강조해서 읽습니다. (흥미있음, 취미 등을 강조할 때)

① 我最喜欢成龙的电影。

② 他特别喜欢吃中国菜。

보충

* 영화 티켓을 사려는 사람과 판매원과의 대화문을 읽어보세요.

A	我想买两张电影票。	영화표 두 장 사고 싶은데요.
B	您要买哪天的?	어느 날짜 것으로요?
A	今天晚上的。	오늘 저녁 거요.
B	对不起, 今天的都卖完了。明天的怎么样?	미안합니다만, 오늘은 매진입니다. 내일 것은 어떠세요?
A	好吧, 那要两张明天的吧。	좋습니다. 그럼 내일 것 두 장 주세요.
B	您稍等。	잠시만 기다리세요.

문형 연습

1 그림을 보고, 보기를 참고하여 질문에 답해 보세요.

> 보기
> 问: 他放假时做什么?
> 答: 他除了上网以外, 没事情做。

①  他周末做什么? [钓鱼]

② 你星期天做什么? [看电视]

③ 你每天都做什么? [学习]

④  你放假时做什么? [玩儿电脑游戏]

2 어순을 바로잡아 다시 써 보세요.

① 漂亮　长城　啊　多

② 语法课　今天　没有　别的　除了~以外　课

③ 这电影　好看　多　啊

④ 周末　除了~以外　睡觉　我　想　别的　不　做

生词 New words

钓鱼　diào yú　낚시하다

 듣고 쓰는 연습문제

1 녹음을 잘 듣고, 내용과 일치하는 내용을 고르세요.

① 玲玲和东东做什么了？
② 玲玲说东东是什么？
③ 玲玲说成龙的功夫怎么样？
④ 东东要请玲玲做什么？

2 다음 중국어 대화문을 들으며 빈 곳을 완성하세요.

① 太精彩了，_____成龙_____，
　我觉得没人能演_____惊险的电影。
② 你真是个成龙_____。
③ 我们去吃饭吧，我_____。

生词 New words

正好 zhèng hǎo 마침 잘 됐다　　**精彩** jīngcǎi 훌륭하다, 멋있다　　**惊险** jīngxiǎn 스릴있다

● 학습목표	1. 对~来说
	2. 但是

02 选修课你想选什么？

Duì xiànzài de xuésheng lái shuō, dì-èr wàiyǔ shì hěn zhòngyào.
对现在的学生**来说**, 第二外语是很重要。
현재의 학생으로 말하자면, 제2외국어는 아주 중요합니다.

학습 길잡이

화자 중심으로 이야기 할 때 사용하는 '对~来说'를 학습함으로 독립구문을 익히고, 전환 표현인 但是를 사용하는 복문구조도 공부합니다

103

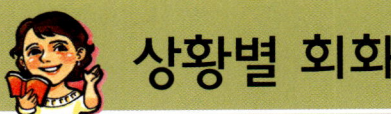

상황별 회화

东东 Xuǎnxiūkè nǐ xiǎng xuǎn shénme?
选修课你想选什么?

玲玲 Wǒ xiǎng xuǎn Fǎyǔ.
我想选法语。

东东 Wèishénme? Nǐ yīngyǔ búshì hěn hǎo le ma?
为什么? 你英语不是很好了嘛?

玲玲 Dànshì, bù néng zhǐ xué yì mén wàiyǔ a.
但是, 不能只学一门外语啊。

东东 Yǒu dàolǐ, duì xiànzài de xuésheng lái shuō,
有道理, 对现在的学生来说,
dì-èr wàiyǔ shì hěn zhòngyào.
第二外语是很重要。

玲玲 Zhǎo gōngzuò de shíhòu yě yǒu bāngzhù.
找工作的时候也有帮助。

东东 Tīng nǐ zhème shuō wǒ yě xiǎng xué dì-èr wàiyǔ.
听你这么说我也想学第二外语。

玲玲 Wǒmen yìqǐ xué Fǎyǔ ba.
我们一起学法语吧。

生词 New words

选修 xuǎn xiū 과목을 선택하다, 선택하여 배우다　　法语 Fǎyǔ 프랑스어
嘛 ma 어기조사. 뚜렷한 사실을 강조할 때 쓰임　　门 mén 과목등을 세는 단위. 양사
外语 wàiyǔ 외국어　　有道理 yǒu dàolǐ 일리가 있다
对~来说 duì~ lái shuō ~에 대해서 말하자면　　第二外语 dì-èr wàiyǔ 제2외국어
找 zhǎo ~을 찾다

꼼꼼 강의 노트

① Xuǎnxiūkè nǐ xiǎng xuǎn shénme?
选修课你想选什么? 선택과목 너 뭐 신청 할거야?

课는 학과목을 말하는 명사죠. 이 문장은 목적어를 문장 앞으로 도치한 구조입니다.

上课　수업을 하다　　　　讲课　강의하다

② Wèishénme? Nǐ yīngyǔ búshì hěn hǎo le ma?
为什么? 你英语不是很好了嘛?
왜? 너 영어 아주 잘하잖아?

你英语는 你的英语의 준말입니다. 대상어가 확실한 경우에는 的를 생략하고 말할 수 있습니다. 不是~嘛?는 확인의 뜻이 강합니다. '~이잖아'와 같이 해석합니다.

③ Dànshì, bù néng zhǐ xué yìmén wàiyǔ a.
但是, 不能只学一门外语啊。
하지만, 외국어를 하나만 해서는 안 되지.

但是는 전환을 나타내는 접속사입니다. '하지만, 그러나' 로 해석하지요. 只는 '오직, ~만'으로 해석되는 부사입니다.

④ Yǒu dàolǐ, duì xiànzài de xuéshēng lái shuō, dì-èr wàiyǔ shì hěn zhòngyào.
有道理, 对现在的学生来说, 第二外语是很重要。
일리가 있네. 현재의 학생으로 말하자면 제2외국어는 아주 중요하지.

有道理는 '상대의 말이 이치에 닿는다'라는 뜻에서, '맞아, 일리가 있네'라고 해석합니다. 对现在的学生来说, '현재의 학생으로 말하자면',이라는 뜻으로, 대상을 강조하는 표현법입니다.

对我来说　나로 말하자면

❺ Zhǎo gōngzuò de shíhòu yě yǒu bāngzhù.
找工作的时候也有帮助。 취직을 할 때 역시 도움이 되지.

找 + 工作 + 的 + 时候

的는 수식관계를 만들어 주는 역할을 합니다. **有帮助**는 '도움이 된다'라고 자연스럽게 해석합니다.

❻ Tīng nǐ zhème shuō wǒ yě xiǎng xué dì-èr wàiyǔ.
听你这么说我也想学第二外语。
네 말을 들으니 나도 제2외국어를 공부하고 싶은 걸.

听你这么说는 '네가 그렇게 말하는 것을 들으니'라는 뜻입니다. **这么**는 '이렇게' 또는 '그렇게'라고 해석하며, 어떤 방식을 묘사할 때 쓰는 대사입니다.

Méi xiǎng dào zhème hǎo chī.
没想到这么好吃。 이렇게 맛있을 줄 몰랐어.

❼ Wǒmen yìqǐ xué Fǎyǔ ba.
我们一起学法语吧。 우리 같이 불어 공부하자.

'**一起~吧**'는 '같이 ~하자'는 뜻으로 청유나 권유의 문장에서 씁니다.

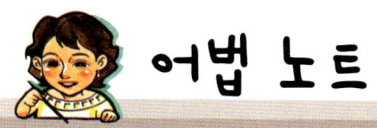

어법 노트

1 对~来说 ～에 대해서 말하자면

他家很有钱，对他来说，一百万不算什么。

她的出现，对我来说，是人生的转折点。

那件事，对我们 来说，是很难接受的。

生词 New words

转折点 zhuǎnzhédiǎn 전환점   接受 jiēshòu 받아들이다

2 但是 [접속사] 그러나, 그렇지만

후반 절에 사용되어 전환의 뜻을 나타냅니다. 但으로 줄여 쓰기도 합니다.

他学习很用功，但是，考试成绩不太好。

我爷爷已经80岁了，但是，仍然很健康。

虽然雨下得很大，但是，他还是走了。

生词 New words

用功　yòng gōng　열심히 공부하다　　仍然　réngrán　여전히

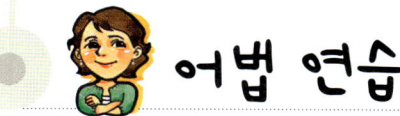

* 보기와 같이 답변을 완성해 보세요.

问: 你的工作怎么样?
答: **对**我**来说**, 很难。

1 你觉得这次考试怎么样?
[我, 容易]
➡ _____

2 写汉字难不难?
[韩国人, 不难]
➡ _____

* 그림을 보고 보기와 같이 문장을 완성해 보세요.

我今天可以去釜山, **但是**上午没空, 下午去。

3 [去公园玩儿, 回家]
➡ _____

4 [韩国人，不能吃辣的]
➡ _____

어조 및 어감

1 확인하고 강조하는 어감의 "嘛"는 내려서 읽습니다.

① 你英语不是很好了嘛？ ↓

② 你不是吃了很多了嘛？ ↓

2 "是"가 강조, 승인, 동의를 나타낼 때는 강조해서 읽습니다.

① 对现在的学生来说，第二外语是很重要。
△

② 王老师讲课是很好。
△

* 대화문을 읽어보세요.

学生	老师，我想报第二外语。	선생님, 제2외국어 신청하려구요.
老师	你想报哪一门？	어떤 과목 신청하고 싶은데요?
学生	我想报法语。	프랑스어 신청하고 싶어요.
老师	把这张表填一下吧。	이 표를 작성하세요.
学生	好的。填好了，给您。	네, 다 작성했어요. 여기 있어요.
老师	再交给我两张护照照片。	여권사진 2장 더 제출하세요.

문형 연습

1 그림을 보고, 보기를 참고하여 대화문을 만들어 보세요.

> 보기
> 问: 明天你休息吗?
> 答: 休息，但是我要学习。

①

②

③

④

2 어순에 맞게 다시 써 보세요.

① 妈妈　最　重要　对~来说　我

_____

② 学生　对~来说　重要　学习　最

_____

③ 想　学　我　第二外语　也

_____

④ 聪明　他　很　不　但是　学习　好

_____

111

듣고 쓰는 연습문제

1 녹음을 잘 듣고, 대답해 보세요.

① 最近很多人都在学习什么?
_____

② 学生们没有什么压力吗?
_____

③ 学第二外语对什么有帮助?
_____

④ 他们想学什么第二外语?
_____

2 녹음을 들으며 빈 칸을 완성하세요.

① _____现在的学生_____，只学一门外语不行。

② 学生们的_____啊。

③ 对找工作很有_____。

중국어 바다에서 헤엄치기

● 학습목표
1. 除了~以外 / 多~
2. 对~来说 / 但是

03 开学了!

Kāishǐ měitiān chúle shàng wǎng yǐwài, méi shìqing zuò, dànshì,
开始每天除了上网以外，没事情做，但是，

xiànzài de shèhuì yāoqiú duō gāo a!
现在的社会要求多高 啊!

Duì wǒ lái shuō, xuéxí yālì hěn dà.
对我来说，学习压力很大。

'중국어 바다에서 헤엄치기'에서는 지난 과에서 배운 내용을 활용하여 장문을 해석하고, 이에 따른 다양한 표현 방법을 익혀봅니다

东东的日记(동동의 일기)

<small>Dōngdong kāi xué le.</small>
东东开学了。

<small>Shǔjià jiéshù le, yòu kāi xué le.</small>
暑假结束了，又开学了。

<small>Zhè ge jiàqī wǒ guò de hěn yúkuài, kāishǐ měitiān chú le shàng wǎng yǐwài,</small>
这个假期我过得很愉快，开始每天除了上网以外，

<small>méi shìqíng zuò, Hòulái, jīngcháng hé Língling yìqǐ qù kàn diànyǐng, yóuyǒng,</small>
没事情做，后来，经常和玲玲一起去看电影，游泳，

<small>hái kàn le wǒ zuì xǐhuan de Chéng Lóng de diànyǐng.</small>
还看了我最喜欢的成龙的电影。

<small>Xīn xuéqī, wǒ xiǎng xuǎn yì mén xuǎnxiūkè, duì wǒ lái shuō, xuéxí yālì hěn dà,</small>
新学期，我想选一门选修课，对我来说，学习压力很大，

<small>dànshì, xiànzài de shèhuì yāoqiú duō gāo a!</small>
但是、现在的社会要求多高啊！

<small>Zhǐ huì yìmén wàiyǔ zhǎo gōngzuò hěn nán, suǒyǐ wǒ xiǎng xué Fǎyǔ.</small>
只会一门外语找工作很难，所以我想学法语。

<small>Língling yě xiǎng xué Fǎyǔ, wǒmen yìqǐ qù lǎoshī de bàngōngshì bàomíng le,</small>
玲玲也想学法语，我们一起去老师的办公室报名了，

<small>xiàzhōu kāishǐ shàng kè, wǒ hěn qīdài.</small>
下周开始上课，我很期待。

生词 New words

开学	kāixué 개학, 개학하다	*开学典礼	kāixué diǎnlǐ 개학식	结束	jiéshù 끝나다, 종료하다
假期	jiàqī 휴가기간, 휴가 때	*假日 휴일	经常	jīngcháng [부사] 늘, 항상, 언제나	
新学期	xīnxuéqī 신학기	压力	yālì (추상적인, 물리적인) 압력	*学习压力	공부스트레스
社会	shèhuì 사회	要求	yāoqiú 요구조건, 요구하다	门	mén (과목) 등을 세는 양사
找工作	zhǎo gōngzuò 일을 찾다, 취직하다	报名	bàomíng 신청하다, 지원하다, 이름을 올리다		
*报头名	첫 번째로 신청하다 / 报名照 (신청용) 증명사진	期待	qīdài 기대(하다)		

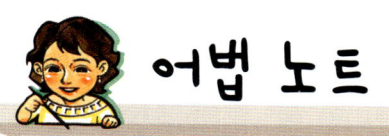 **어법 노트**

1 『장소 + 有 + 사물』

"~에 ~이 있다"는 표현입니다.

『장소 + 有 + 불특정한 목적어』: ~에 ~이 있다

Zhè fùjìn yǒu shípǐndiàn.
这附近有食品店。 이 부근에 식품점이 있습니다.

Zhè fùjìn méiyǒu shípǐndiàn.
这附近没有食品店。 이 부근에 식품점이 없습니다.

Zhè fùjìn yǒu meiyǒu shípǐndiàn?
这附近有没有食品店? 이 부근에 식품점이 있습니까?

〈비교〉 『특정한 주어 + 在 + 장소』: ~이 ~에 있다

Tā de shípǐndiàn zài zhè fùjìn.
他的食品店在这附近。 그의 식품점은 이 부근에 있습니다.

Tā de shípǐndiàn bù zài zhè fùjìn.
他的食品店不在这附近。 그의 식품점은 이 부근에 없습니다.

Tā de shípǐndiàn zài zhè fùjìn ma?
他的食品店在这附近吗? 그의 식품점은 이 부근에 있습니까?

2 『有의 어순변화』

『有+동사+的+명사』는 명사를 강조하면서 『有+명사+동사』의 어순으로 말할 수 있습니다.

『有 + 동사 + 的 + 명사』: ~할 ~가 있다

Wǒ yǒu mǎi lǐwù de qián.
我有买礼物的钱。 나는 선물을 살 돈이 있다.

Wǒ méiyǒu mǎi lǐwù de qián.
我没有买礼物的钱。 나는 선물을 살 돈이 없다.

『有 + 명사 + 동사』: ~가 있어서 ~한다

Wǒ yǒu qián mǎi lǐwù.
我有钱买礼物。　　　　　　　나는 선물을 살 돈이 있다.

Wǒ méiyǒu qián mǎi lǐwù.
我没有钱买礼物。　　　　　　나는 선물 살 돈이 없다.

中国结

중국매듭은 중국특유의 민간 수공예 장식품으로, 역사는 한나라 시대의 기록까지 거슬러 올라간다. 중국매듭의 특징은 매듭마다 처음부터 끝까지 한가닥의 선을 가지고 매듭을 엮어가며 각각의 매듭은 기본적으로 근거가 되는 모양과 뜻이 있다. 또한 다른 매듭들이 함께 결합하거나 다른 문양의 장식물들이 조합을 이루어 독특한 조형을 이루기도 한다

문형연습

1 어순을 바로잡아 다시 써 보세요.

① 学习　新学期　法语　我　想

_____

② 东东　看电视　什么都　不　做　除了~以外

_____

③ 对~来说　朋友　妈妈　好像　似的　我

_____

④ 字　这个　难　多　写　啊

_____

2 틀리거나 어색한 부분을 고쳐 보세요.

① 除了我以外, 大家也去。　　_____

② 他回家, 但是我也想回家。　_____

③ 水给人类来说, 是不可缺少的。_____

④ 这座多高山啊。　　　　　　_____

3 맞는 단어를 골라 빈 칸을 채워 보세요.

| 보기 | 除了~以外　　多　　但是　　对~来说 |

① _____学生_____, 学习最重要。

② 这件衣服_____漂亮啊!

③ _____妈妈_____, 我们全家都感冒了。

④ 他学习很好_____性格不太好。

듣고 쓰는 연습문제

1 녹음을 잘 듣고, 질문에 대한 답을 써 보세요.

① 东东放假开始时每天做什么?

_____

② 后来和玲玲一起做什么?

_____

③ 东东最喜欢谁的电影?

_____

④ 他们要学习什么第二外语?

_____

⑤ 为什么要学习第二外语?

_____

2 다음 빈칸을 채우세요.

① 有玲玲，_____这个假期我过得很愉快。

② 每天_____上网_____，没事情做。

③ _____我_____，学习压力很大

④ 我和玲玲一起去老师办公室_____了，她也要学法语。

● 학습목표
1. 不是~而是
2. 就

认识你很高兴。

Wǒ búshì Rìběn rén, érshì Hánguó rén.
我不是日本人，而是韩国人。 저는 일본인이 아니라 한국인입니다.

Wǒ jiù huì shuō yìxiē jiǎndān de.
我就会说一些简单的。 저는 그저 간단한 말만 할 줄 알아요.

학습 길잡이

두 가지 중 하나를 택하는 문형 [不是~ , 而是…]를 학습하고, 부사 就의 폭넓은 활용을 알아봅니다.

상황별 회화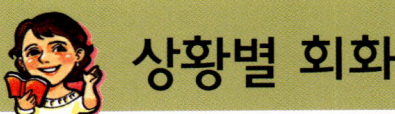

玲玲	Dōngdong, zhè shì wǒ péngyǒu Nàyīng, xiànzài zài xuéxí Hànyǔ. 东东，这是我朋友娜英，现在在学习汉语。
东东	Nǐ hǎo, rènshi nǐ hěn gāoxìng. 你好，认识你很高兴。
娜英	Rènshi nǐ wǒ yě hěn gāoxìng. 认识你我也很高兴。
东东	Nǐ shì Rìběn rén ma? 你是日本人吗？
娜英	Wǒ búshì Rìběn rén, érshì Hánguó rén. 我不是日本人，而是韩国人。
东东	Nǐ de Hànyǔ zhēn hǎo a! 你的汉语真好啊！
娜英	Nǎli, wǒ jiù huì shuō yìxiē jiǎndān de. 哪里，我就会说一些简单的。
玲玲	Wǒmen yìqǐ qù chī fàn ba, biān zǒu biān liáo. 我们一起去吃饭吧，边走边聊。
娜英	Hǎo de. 好的。

生词 New words

认识 rènshi 알다, 인식하다　　不是~，而是… búshì~, érshì… ~가 아니라 …이다
哪里 nǎli 천만에, 별말씀을　　一些 yìxiē 여러 개 (복수를 나타내는 말)　　简单 jiǎndān 간단하다
边~，边… biān ~ biān… 한편으로~하면서 한편으로 …하다　　聊 liáo 한담하다, 잡담하다

꼼꼼 강의 노트

① Dōngdong, zhè shì wǒ péngyǒu Nàyīng, xiànzài zài xuéxí Hànyǔ.
东东，这是我朋友娜英，现在在学习汉语。
동동, 이 사람은 내 친구 나영이에요, 지금 중국어를 공부하고 있어요.

这是는 '이것은'이라는 지시대명사로 사용되지만 사람을 가리킬 때는 '이 사람은(이 분은)'이라고 해석합니다.
现在在学习汉语에서 동사 앞의 在는 진행형을 만들어주는 부사입니다.

② Nǐ hǎo, rènshi nǐ hěn gāoxìng.
你好，认识你很高兴。 안녕하세요? 만나서 반갑습니다.

'认识你很高兴'은 처음 만났을 때 반갑게 하는 인사입니다.

＊ '见到你很高兴'은 '너를 봐서 반갑다'라는 뜻입니다. 사람을 만났을 때 언제든지 할 수 있는 인사말이지요.

③ Rènshi nǐ wǒ yě hěn gāoxìng.
认识你我也很高兴。 저도 만나 뵙게 되어 반갑습니다.

认识你很高兴에 대한 응답으로 하는 인사말입니다.

④ Wǒ búshì Rìběn rén, érshì Hánguó rén.
我不是日本人，而是韩国人。
저는 일본인이 아니고 한국인입니다.

'不是~而是…'는 '~이 아니라…이다'를 나타내는 이 과의 핵심 포인트입니다. 사이에는 명사, 명사구 등의 단어 및 문장이 올 수 있습니다.

⑤ 你的汉语真好啊!　　당신 중국어 참 잘하는군요.
Nǐ de Hànyǔ zhēn hǎo a!

真은 '정말로, 진짜로' 라는 부사입니다. 문장 끝의 啊는 감탄문을 만드는 어기조사입니다.

这是真的。	이것은 진짜다. (형용사)
我真不知道。	나는 정말로 모른다. (부사)
真好。	정말로 좋다. (부사)

⑥ 哪里, 我就会说一些简单的。
Nǎli, wǒ jiù huì shuō yìxiē jiǎndān de.
천만에요, 그냥 간단한 말만 좀 할 줄 알아요.

哪里는 겸손하게 자신에 대한 칭찬을 사양하는 말이죠. 보통 중국인들은 이런 경우 손을 저으며 '哪里哪里!' 하고 반복해서 말합니다.

⑦ 我们一起去吃饭吧, 边走边聊。
Wǒmen yìqǐ qù chī fàn ba, biān zǒu biān liáo.
우리 같이 식사하러 갑시다, 걸으면서 이야기하죠.

'边~边…'는 '한편으론 ~하고 한편으론 …하다'의 뜻입니다. 두 가지의 동작이 동시에 진행되는 경우를 말하는 것이죠.

边走边唱	걸으면서 노래하다
边说话边吃饭	이야기하면서 식사하다

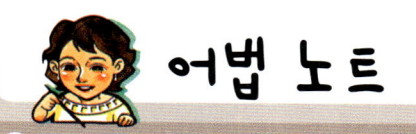

어법 노트

1 不是~, 而是··· ~가 아니라 ··· 이다
(두 가지의 사물이나 상황 중 한가지를 택할 때)

我点的不是包子，而是馒头。

我们喜欢的不是王代理，而是朴科长。

你踢足球踢得很好，你是运动员吗？
我不是运动员，而是足球教练。

2 就

[부사] ① 오직, 단지
② 바로, 틀림없이 [사실이 바로 그렇다는 것을 표시함]
③ 곧, 즉시 [아주 짧은 시간 내에 이루어짐을 나타냄]

我就等你一位了。

那就是他的家。

天黑了，你现在就去吧。

* 보기와 같이 주어진 단어를 이용하여 답변을 완성해 보세요.

 问: 你想去上海吗?
答: 我想去的不是上海, 而是威海。

1 你是日本人吗?
[我, 中国人]

→ _____

2 他是你的爱人吗?
[我, 我妹妹的爱人]

→ _____

* 그림을 보고 보기와 같이 문장을 완성해 보세요.

 你会说哪国话? → 我就会说中国话。

3 你会做什么菜?
[拉面]

→ _____

4 你吃了很多面包吗?
[一个面包]

→ _____

125

어조 및 어감

1 인칭대명사가 나올 때, 인칭대명사 뒤의 명사를 강조해서 읽습니다.

① 这是我朋友。

② 这位是我妈妈。

2 '不是~而是…' 구문에서, 不是는 강하게, 而是는 가볍게 읽고, 而是 뒤의 내용을 강조하여 읽습니다.

① 我不是日本人，而是韩国人。

② 他不是我哥哥，而是我弟弟。

보충

* 처음 만났을 때 하는 인사 표현을 정리해 봅니다.

A	老师, 这位是我爸爸。	선생님, 이 분이 제 아버지세요.
B	您好, 认识您很高兴。	안녕하십니까? 만나서 반갑습니다.
C	认识您我也很高兴。	뵙게 되어 저도 기쁩니다.
A	你好, 我叫东东。	안녕? 나는 동동이야.
B	你好, 我叫明明。	안녕? 나는 밍밍이야.
A	初次见面, 请多关照。	처음 뵙겠습니다. 잘 부탁드립니다.

문형 연습

1 그림을 보고, 보기와 같이 대화문을 만들어보세요.

> 보기
> 问: 你是学生吗?
> 答: 我不是学生, 而是公司职员。

①  你是演员吗?

②  你是学生吗?

③  你是运动员吗?

④  你是模特儿吗?

2 어순에 맞게 다시 써 보세요.

① 这 不是~而是 汽车 火车

② 衣服 红色 的 不是~而是 我的 他的

③ 剩 就 一个 这 了

④ 他 就 没 参加 来 晚会

듣고 쓰는 연습문제

1 녹음을 잘 듣고, 질문에 대한 답을 써 보세요.

① 这是谁和娜英的对话？

_____

② 娜英是日本人吗？

_____

③ 娜英今年多大了？

_____

④ 娜英有弟兄姐妹吗？

_____

2 녹음을 잘 듣고 빈 칸을 채워 넣으세요.

① 我不是_____，而是_____。

② 我_____有一个_____。

③ _____你很高兴。

● 학습목표
1. 不但~而且
2. ~什么的

05 明天学校的舞会你参加吗？

Kāi wǔhuì shí, búdàn kěyǐ tiào wǔ, érqiě hái kěyǐ jiāo péngyǒu.
开舞会时，不但可以跳舞，而且还可以交朋友。
시작되면 춤도 출 수 있고 친구도 사귈 수 있어.

Jiùshì dàjiā zài yìqǐ tiàowǔ shénme de.
就是大家在一起跳舞什么的。
다 같이 춤도 추고 하는 거예요.

학습 길잡이

이 과에서는 두 가지 상황이나 사물을 포괄할 때 사용하는 '不但~而且'와 하나의 성분이나 몇 개의 병렬 성분 뒤에 쓰여 '등등..'의 뜻을 나타내는 '~什么的'를 공부합니다.

상황별 회화

玲玲 Míngtiān xuéxiào de wǔhuì nǐ cānjiā ma?
明天学校的舞会你参加吗?

娜英 Wǔhuì shì shénme?
"舞会"是什么?

玲玲 Jiùshì dàjiā zài yìqǐ tiàowǔ shénme de.
就是大家在一起跳舞什么的。

娜英 Wǒ bú huì tiào wǔ, zěnme bàn?
我不会跳舞,怎么办?

玲玲 Méi guānxi, bú huì tiào kěyǐ zài pángbiān kàn.
没关系,不会跳可以在旁边看。

娜英 Shì ma?
是吗?

玲玲 Kāi wǔhuì shí, búdàn kěyǐ tiào wǔ, érqiě hái kěyǐ jiāo péngyǒu.
开舞会时,不但可以跳舞,而且还可以交朋友。

娜英 Tài hǎo le, míngtiān wǒ yídìng qù.
太好了,明天我一定去。

生词 New words

舞会 wǔhuì 무도회　　参加 cānjiā 참석하다, 참여하다　　什么的 shénme de …등등
怎么办 zěnme bàn 어떻게 하지? 어쩌나?　　没关系 méiguānxi 괜찮다
旁边 pángbiān ~의 옆에　　开 kāi 열리다　　交 jiāo 사귀다
一定 yídìng 반드시, 틀림없이

꼼꼼 강의 노트

1 Míngtiān xuéxiào de wǔhuì nǐ cānjiā ma?
明天学校的舞会你参加吗?
내일 학교에서 열리는 무도회에 참가하니?

목적어가 길거나 강조하기 위한 경우 목적어를 주어 앞에 쓸 수 있습니다. 이런 문장을 도치문이라고 합니다.

2 Jiùshì dàjiā zài yìqǐ tiàowǔ shénme de.
就是大家在一起跳舞什么的。   다같이 춤도 추고 하는 거야.

就是는 '바로~이다' 라는 뜻으로 어떤 것을 강조하여 설명합니다.
什么的는 '~등등'이라는 뜻으로 구어체에서 많이 씁니다.

3 Wǒ bú huì tiào wǔ, zěnme bàn?
我不会跳舞, 怎么办?   나는 춤 못 추는데 어떻게 하지?

'(배워서) 할 수 있다' 는 뜻의 능원동사 **会**의 용법을 기억하시구요.
'**怎么办**'은 어떤 상황에 대해 난처한 마음을 나타내는 구어 표현입니다.

4 Méi guānxi, bú huì tiào kěyǐ zài pángbiān kàn.
没关系, 不会跳可以在旁边看。
괜찮아, 춤을 못 추면 옆에서 구경해도 돼.

可以는 '~해도 된다, ~해도 좋다'는 뜻의 능원동사지요.
在旁边看에서 **在**는 전치사로 '~에서'입니다.

5 Tài hǎo le, míngtiān wǒ yídìng qù.
太好了, 明天我一定去。   아주 좋아, 내일 꼭 갈게.

一定은 '반드시, 꼭'이라는 뜻의 부사입니다.

　　　他一定来。　　그는 반드시 온다.

어법 노트

1 不但~，而且... ～뿐만 아니라, … 도
(두 가지의 사물이나 상황모두를 다 포괄할 때)

你为什么不喜欢他？

因为，他不但脾气不好，而且个子很矮。

学习第二外语不但好找工作，而且去旅行时也有帮助。

散步不但让人愉快而且对身体很好。

生词 New words

脾气 píqi 성격　　个子 gèzi 키　　矮 ǎi 작다, 왜소하다

2 ~什么的 ~등등, 따위 [하나의 성분이나 몇 개의 병렬 성분 뒤에 쓰임]

A: 你喜欢吃什么？
B: 我喜欢吃烤肉什么的。

A: 你包里有什么？
B: 我包里有钱包，化妆品什么的。

他的兴趣很高雅，天天看文学作品，听古典音乐什么的。

生词 New words

文学作品 wénxué zuòpǐn 문학작품   古典音乐 gǔdiǎn yīnyuè 고전음악

어법 연습

* 그림을 보고 보기와 같이 답변을 완성해 보세요.

1 보기
问：你为什么每天运动？
答：每天运动**不但**身体健康，**而且**精神愉快。

①  你为什么学习跳舞？
[交朋友，锻炼身体]
➜ _____

②  为什么你学第二外语？
[找工作容易，去国外旅行时很有帮助]
➜ _____

2 보기
你会做什么运动？
→ 我会踢足球，打篮球**什么的**。

①  你会做什么菜？
[拉面]
➜ _____

②  你喜欢看什么书？
[小说，诗]
➜ _____

生词 New words

锻炼　duànliàn　단련하다

어조 및 어감

1 '一定', '肯定' 등의 강조사는 문장 중에서 강조해서 읽습니다.

① 明天我一定去。

② 他这次考试一定能考好。

③ 我肯定他能来。

보충

* 다음 대화문을 보면서, 한국어 문장을 중국어로 바꾸는 연습을 해 보세요.

A	今天晚上有时间吗？	오늘 저녁에 시간 있어요?
B	有什么事吗？	무슨 일 있어요?
A	我想请你一起去看电影。	함께 영화 보러 가고 싶어서요.
B	对不起，我今天晚上得加班。	미안해요, 오늘 저녁에 야근해야 해요.
A	那明天晚上呢？	그럼 내일 저녁은요?
B	明天晚上没事，一起去吧。	내일 저녁엔 별 일 없어요, 같이 가요.

中国的少数民族

중국은 하나의 통일된 다민족 국가입니다. 신중국 탄생 후 중국중앙정부가 공식적으로 인정하는 민족은 56개입니다. 인구 전체의 90% 이상을 차지하는 한족 이외의 55개의 민족을 소수민족이라고 부르지요. 장족, 묘족, 위구르족, 회족, 몽고족, 조선족 등이 있다.

문형 연습

1 각각의 그림을 보고, 보기를 참고하여 대화문을 만들어 보세요.

> 보기
> 问: 东东学习好吗?
> 答: 东东不但学习好, 而且很会弹钢琴。

①
A: 娜英唱歌唱得好吗?
B: _____

②
A: 东东游永游得好吗?
B: _____

2 어순을 바로잡아 다시 써 보세요.

① 什么的　我　吃　想　水果　点儿

② 不但~而且　爸爸　爱吃　饺子　会　做

③ 学习　学生　要　语文　什么的

④ 太阳　发热　发光　不但~而且

生词 New words

棒球 bàngqiú 야구하다　　水果 shuǐguǒ 과일　　饺子 jiǎozi 만두　　语文 yǔwén 어문
太阳 tàiyáng 태양　　发热 fā rè 열을 내다　　发光 fā guāng 빛을 내다

듣고 쓰는 연습문제

1 녹음 내용을 잘 듣고, 답을 써 보세요.

① 娜英去参加舞会了吗?

② 东东很早就到了吗?

③ 娜英在舞会上都做了什么?

④ 舞会上有什么吃的?

2 다음 중국어 대화문을 들으며 빈 곳을 완성하세요.

① 娜英,你昨天学校的舞会参加了_____?

② 我也去了,不过_____了一会儿。

③ 太有意思了,我不但_____了很多好朋友,而且看了很多_____。

④ 中国的舞会真_____啊!

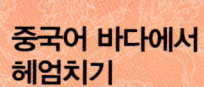

중국어 바다에서 헤엄치기

● 학습목표
1. 不是 ~ 而是 / 就~
2. 不但 ~ 而且 / ~什么的

舞会真有意思阿!

Wǒ shuō wǒ bú shì Rìběn rén,　　érshì Hánguó rén.
我说我不是日本人，而是韩国人。

Wǒ cānjiā le xuéxiào de wǔhuì,　　búdàn　rènshi le hěn duō péngyǒu,
我参加了学校的舞会，不但认识了很多朋友，

érqiě　yě kàn le　wǔdǎo biǎoyǎn.
而且也看了舞蹈表演。

'중국어 바다에서 헤엄치기'에서는 지난 과에서 배운 내용을 활용하여 장문을 해석하고, 이에 따른 다양한 표현 방법을 익혀봅니다

娜英的日记(나영의 일기)

Wǒ yòu rènshi le yíwèi Zhōngguó péngyǒu, tā jiào Dōngdong, shì Língling de hǎo péngyǒu.
我又认识了一位中国朋友，他叫东东，是玲玲的好朋友。

Tā yǐwéi wǒ shì Rìběn rén, wǒ shuō wǒ búshì Rìběn rén, érshì Hánguó rén.
他以为我是日本人，我说我不是日本人，而是韩国人。

Zuótiān wǎnshang, wǒ cānjiā le xuéxiào de wǔhuì, búdàn rènshi le hěn duō péngyǒu,
昨天晚上，我参加了学校的舞会，不但认识了很多朋友，

érqiě yě kàn le wǔdǎo biǎoyǎn, háiyǒu hěn duō hǎochī de, yǒu shuǐguǒ,
而且也看了舞蹈表演，还有很多好吃的，有水果、

yǐnliào a shénme de, fēicháng yǒuyìsi.
饮料啊什么的，非常有意思。

Língling shuō, zhèyàng de quán xiào wǔhuì yìnián jiù yícì, dànshì,
玲玲说，这样的全校舞会一年就一次，但是，

niánjí de wǔhuì yìnián yǒu hěn duō cì, wǒ hěn qīdài xiàcì wǔhuì.
年级的舞会一年有很多次，我很期待下次舞会。

生词 New words

认识　rènshi　알다, 인식하다
*你在哪儿认识她的？　너는 어디서 그녀를 알게 되었어?
他们很久以前就认识了。　그들은 오래 전부터 서로 아는 사이다.

以为　yǐwéi　~인 줄로 (잘못) 알다
*我以为他是日本人，可是他是在美国出生的中国人。
나는 그가 일본인 인 줄 알았는데, 그는 미국에서 태어난 중국인이었다.

舞蹈　wǔdǎo　춤을 추다
*舞蹈动作　춤동작, 춤사위 / 舞蹈家　무도가

表演　biǎoyǎn　공연하다, 공연　　饮料　yǐnliào　음료, 음료수　　全校　quánxiào　전교

年级　niánjí　학년　**年纪　niánjì　연령, 나이

期待　qīdài　기대(하다)
*我很期待你快点儿毕业和我结婚。　난 네가 빨리 졸업해서 나와 결혼하길 바래.

어법 노트

1 『很』의 특징

① 일반적으로 형용사를 수식

　　Tiānqì hěn lěng.
　天气很冷。　　　　　　　　날씨가 아주 춥습니다.

　　Tā　gèzi　hěn gāo.
　他个子很高。　　　　　　　그의 키가 아주 크네요.

② 일부 심리성 동사를 수식

　　Wǒ hěn xǐhuan xué Hànyǔ.
　我很喜欢学汉语。　　　　　나는 중국어 배우기를 좋아합니다.

　　Tā hěn liǎojiě wǒ.
　他很了解我。　　　　　　　그는 나를 아주 잘 이해 합니다.

③ 조동사 수식

　　Tā hěn néng hē jiǔ.
　他很能喝酒。　　　　　　　그는 술을 아주 잘 마십니다.

　　Wǒ hěn xiǎng zhīdao tā de míngzi.
　我很想知道她的名字。　　　나는 그녀의 이름을 매우 알고 싶습니다.

④ 관용적인 표현

　　Tā hěn yǒu qián.
　她很有钱。　　　　　　　　그녀는 돈이 아주 많다.

　　Nǐ hěn yǒu xuéwèn.
　你很有学问。　　　　　　　당신은 매우 학식이 높습니다.

 보충

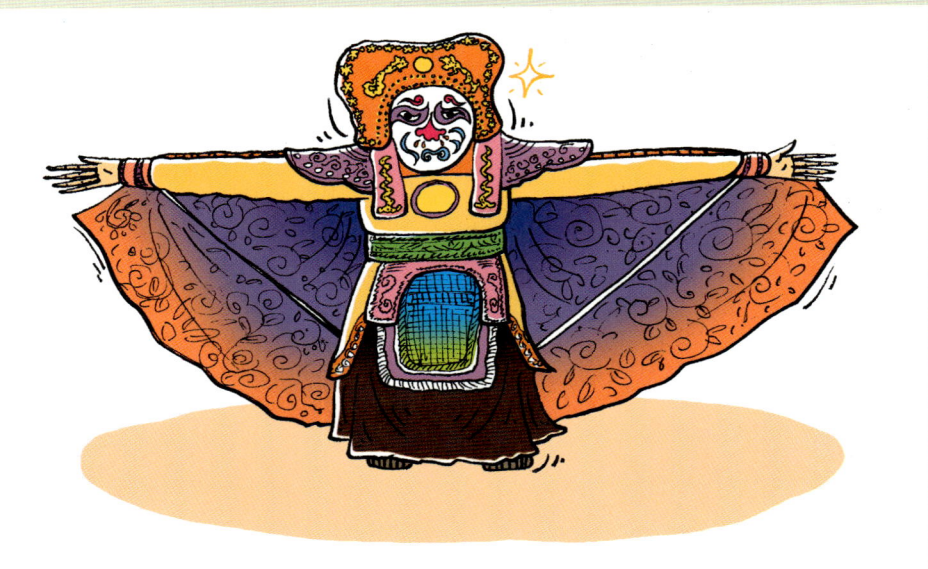

변검

변검이란 중국의 기예로 재빠른 손놀림이 비밀입니다.
관객이 알아차리지 못하게 재빨리 얼굴에 쓴 가면을 다른 가면으로 바꿔 쓰는데, 변검의 달인은 열 걸음을 걷는 동안 백 개의 가면을 바꿔 쓸 수 있다고 합니다.
여러 장의 얇은 가면을 미리 쓰고 얼굴을 한번 돌리거나 큰 소매 폭을 한번 휘저을 때마다 한 장씩 벗어나가는데 벗겨진 가면은 웃옷 속으로 빨려 들어갑니다.
관객이 눈치채지 못할 만큼 순간적인 동작이 요구되며, 일종의 마술과도 같답니다.
가장 마지막에는 맨 얼굴에 그린 가면 그림이 나오지요.

문형 연습

1 어순을 바로잡아 다시 써 보세요.

① 以为 他 我 韩国人 不是~而是 日本人

_____

② 昨天 学校 舞会 参加 了 的 我

_____

③ 不但~而且 我 很多 认识 朋友 了 看表演 了

_____

④ 全校舞会 这样的 一年 一次 就

_____

2 틀리거나 어색한 부분을 고쳐 보세요.

① 他不但学习好，又会唱歌。 _____

② 妈妈我就一个女儿。 _____

③ 他是小王，而是小张。 _____

④ 新年时大家带来很多水果什么。 _____

3 맞는 단어를 골라 빈 칸을 채워 보세요.

> 보기 什么的   不是~而是   就   不但~而且

① 学校_____玩的地方，_____学习的地方。

② 东东今天_____一节课。

③ 游泳_____能减肥，_____能锻炼身体。

④ 我喜欢看蓝球_____。

듣고 쓰는 연습문제

1 녹음을 잘 듣고, 질문에 대한 답을 써 보세요.

① 娜英和玲玲昨天做什么了?

_____

② 娜英说她会不会跳舞?

_____

③ 娜英昨天都做什么了?

_____

④ 玲玲和娜英一起去爬山吗?

_____

2 다음 빈칸을 채우세요.

① 玲玲，你昨天舞跳得_____。

② 我不但看了大家_____，而且_____了几个朋友。

③ 他们约我周末_____爬山。

● 학습목표　1. 把자문
　　　　　2. 被자문

07 玲玲, 你去哪儿?

Wǒ yào bǎ zhè běn cídiǎn hé cídài dài gěi tā.
我要把这本词典和磁带带给她。
이 사전하고 녹음테이프 그녀에게 갖다 주려구요.

Wǒ de Hànyǔ shū bèi tā gěi jiè qù le.
我的汉语书被她给借去了。　그녀가 내 중국어 책을 빌려갔어요.

학습 길잡이

이 과에서는 **把**를 사용해서 목적어를 강조하는 문장과 피동형을 만드는 **被**자문을 공부합니다.

상황별 회화

东东　Língling, nǐ qù nǎr?
　　　玲玲，你去哪儿?

玲玲　Wǒ qù Nàyīng de sùshè.
　　　我去娜英的宿舍。

东东　Yǒu shénme shì ma?
　　　有什么事吗?

玲玲　Wǒ yào bǎ zhè běn cídiǎn hé cídài dài gěi tā.
　　　我要把这本词典和磁带带给她。

东东　Wǒ yě zhèng yào qù zhǎo tā ne!
　　　我也正要去找她呢!

玲玲　Shì ma? Nǐ yòu wèishénme zhǎo tā ne?
　　　是吗? 你又为什么找她呢?

东东　Wǒ de Hànyǔ shū bèi tā gěi jiè qù le, míngtiān wǒ yǒu nà mén kè.
　　　我的汉语书被她给借去了，明天我有那门课。

玲玲　Nà wǒmen yìqǐ qù ba.
　　　那我们一起去吧。

生词 New words

磁带 cídài 카세트 테이프　正 zhèng 마침, 바로　找 zhǎo 찾다
门 mén 과목 등을 세는 양사　课 kè 과, 학과

꼼꼼 강의 노트

① Línglíng, nǐ qù nǎr?
玲玲, 你去哪儿?   링링, 너 어디 가니?

지나가다 아는 사람을 만났을 때 **你好!**로 인사하는 것이 일반적이지만, **你去哪儿?, 去哪儿?吃饭了吗?** 등으로 가볍게 물으며 관심을 표하기도 합니다.

② Yǒu shénme shì ma?
有什么事吗?   무슨 일 있어?

有 什么 事 吗?

이 경우 **什么**는 '무슨'이라고 해석하며 **事**를 꾸며 줍니다.

③ Wǒ yào bǎ zhè běn cídiǎn hé cídài dài gěi tā.
我要把这本词典和磁带带给她。
이 사전하고 녹음테이프 갖다 주려구.

이 문장은 목적어를 동사 앞으로 도치하여 강조하는 **把**자문입니다. 전체 문장의 본동사는 **带**이며, **给** 뒤에 주려는 대상이 쓰였습니다. **把**자문에서는 동사가 홀로 나오지 않는 다는 점을 주의합시다.

④ Wǒ yě zhèng yào qù zhǎo tā ne!
我也正要去找她呢!   나도 지금 나영이 찾으러 가는 길인데!

正은 '마침, 꼭' 이라는 부사입니다. 나도 마침 그녀를 찾으러 간다는 것을 강조합니다.

⑤ Shì ma? Nǐ yòu wèishénme zhǎo tā ne?
是吗? 你又为什么找她呢?   그래? 너 왜 또 나영이 찾는데?

이때의 **呢**는 의문문(疑問文)의 끝에 써서 의문의 어기(語氣)를 나타내는 어기조사로 사용되었습니다.

⑥ 我的汉语书被她给借去了。
Wǒ de Hànyǔ shū bèi tā gěi jiè qù le.

나영이가 내 중국어 책을 빌려갔어.

피동을 나타내는 被자문이 쓰였습니다. 직역하면 '나의 책이 그녀에 의해 빌려져 갔다' 이지만, '내 책을 그녀가 빌려갔다' 고 자연스러운 해석합니다. 피동의 대상이 주어가 되고, 被 뒤에 동작의 주체를 쓰시면 됩니다. 给는 구어상의 습관으로 생략 가능합니다.

⑦ 那我们一起去吧。
Nà wǒmen yìqǐqù ba.

그럼 우리 같이 가자.

'가다'의 뜻을 가진 동사는 去와 走가 있는데 去는 목적지가 있을 때 사용하며 走는 일반적으로 '걷다, 떠나다, 출발하다'는 의미입니다.

　　　我们走吧。　　우리 갑시다.

　　　我们去学校吧。　　우리 학교로 갑시다.

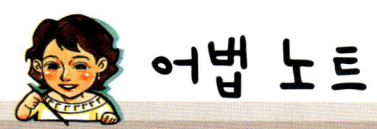

어법 노트

1 把자문

일반어순: 주어 + [把 + 목적어] + 동사 + 기타성분

예 주어 + [把 + A] + 给 B : A를 B에게 주다

我要把这本书给你。
谢谢你, 不过, 我没有东西给你的。
没关系, 我们不是老朋友吗?

我把这礼物给你, 你就把什么给我?
男女之间有爱情就好了, 还要什么呀?

生词 New words

不过　bú guò　그러나(전환의 표현)　　老朋友　lǎo péng yǒu　오랜친구, 옛친구

2 被자문 B가 A에게 ~을 하다, A가 B에게 ~을 당하다

일반어순: A + [被 + B] + (给) + 동사 + 부가성분
(A를 당하는 주어, B는 가하는 행위자)

你的头发怎么了？
今天早上被女朋友给染黄了。

那棵树被大风给刮倒了。
有没有受伤的人？

生词 New words

染 rǎn 염색하다, 물들이다　　**棵** kè 나무 등을 세는 양사　　**刮倒** guā dǎo 바람에 넘어지다

어법 연습

* 그림을 보고 보기와 같이 답변을 완성해 보세요.

1 보기
问: 你为什么把这本词典给他?
答: 因为他学汉语很用功。

①  他把什么给你了?
[磁碟片]
→ _____

②  为什么你把这笔钱给他?
[没有钱]
→ _____

2 보기
你怎么没有汉语词典?
→ 我的汉语词典被东东给借去了。

①  我的帽子呢?
[你的帽子, 你弟弟, 拿去了]
→ _____

②  这么大的树怎么倒了?
[那棵树, 大风, 刮倒]
→ _____

어조 및 어감

'又'는 앞 문장에서 전제조건이 있는 경우 특히 강조해서 읽습니다.

① 我有事找娜英, 你又为什么找她呢?

② 他因为考上大学高兴, 你又为什么高兴呢?

보충

* 다음 대화문을 보면서, 한국어 문장을 중국어로 바꾸는 연습을 해 보세요.

A 你好, 我想订一束鲜花。	안녕하세요 생화를 주문하려는데요.
B 您要订哪种花?	어떤 꽃으로 주문 하시려구요?
A 要红玫瑰, 25朵。	붉은 장미 25송이로요.
帮我把它送到这个地址。	이 주소로 배달해 주시겠어요?
B 好的, 请您稍等, 我记一下。	네 좋습니다, 잠시 기다려 주세요, 제가 적을께요.
A 一共多少钱?	모두 얼마죠?
B 一共100块, 先生。	모두 100원입니다, 선생님.
A 给您钱。	여기요.
B 谢谢, 欢迎再次光临。	감사합니다. 또 오세요.

문형 연습

1 그림을 보고, 주어진 단어를 사용하여 보기의 문장처럼 작문해 보세요.

(1)
> 我把那本书给他了。

①  [那件大衣, 妈妈]

_____

②  [我的照相机, 朋友]

_____

(2) 보기
> 我的电脑被明明给借走了。

①  [笔, 娜英]

_____

②  [雨伞, 老师]

_____

2 어순에 맞게 다시 써 보세요.

① 把 给 我们 的 电视机 姐姐 拿走 了

_____

② 妈妈 这本书 了 把 看完

_____

③ 东东 批评 被 了 老师 给

_____

④ 你弟弟 被 这杯水 喝 给 了

_____

듣고 쓰는 연습문제

1 녹음을 잘 듣고, 질문에 답을 써 보세요.

① 娜英在做什么?

② 玲玲拿来了什么?

③ 玲玲让娜英听完后快点儿还给她吗?

④ 她们要一起去哪儿?

2 다음 중국어 대화문을 들으면서 빈 곳을 완성하세요.

① 我正在找_____, 想听_____。

② 我_____它借_____你, 你慢慢听吧。

③ _____, 谢谢你玲玲。

④ _____, 那我们一会儿一起去_____吧。

● 학습목표	1. 不是~吗?
	2. 来得及, 来不及

你一会儿不是有课吗?

　　　Nǐ　yíhuìr　bú shì yǒu kè ma?
你一会儿不是有课吗?　　너 조금 있다가 수업 있잖아?

　　Méi shì,　hái　láidejí.
没事，还来得及。　　괜찮아, 아직 제 시간에 갈수 있어.

학습 길잡이

好像 ~ 似的　　마치 ~와 흡사하다

이번 과에서는 확인하는 투의 의문문 '不是~吗?'와 来得及/来不及(시간에 댈 수 있다/없다)의 표현을 익히게 됩니다

상황별 회화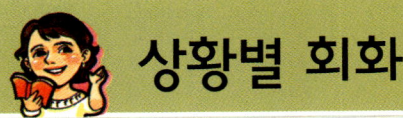

娜英: 你一会儿不是有课吗?
Nǐ yíhuìr bú shì yǒu kè ma?

东东: 啊! 对呀! 我忘了。
À! Duì ya! Wǒ wàng le.

娜英: 几点的课? 现在不晚吗?
Jǐ diǎn de kè? Xiànzài bù wǎn ma?

东东: 没事, 还来得及。
Méi shì, hái láidejí.

娜英: "来得及"是什么意思呀?
"Láidejí" shì shénme yìsi ya?

东东: 啊, "来得及"就是还有时间的意思。反义词是"来不及"。
À, "láidejí" jiùshì háiyǒu shíjiān de yìsi. Fǎnyìcí shì "láibují".

娜英: 我知道了, "来不及"就是没有时间的意思, 对吧?
Wǒ zhīdao le, "Láibují" jiùshì méiyǒu shíjiān de yìsi, duì ba?

东东: 对, 你真聪明! 我得赶紧走了, 不然就来不及了。
Duì, Nǐ zhēn cōngmíng! Wǒ děi gǎnjǐn zǒu le, bùrán jiù láibují le.

生词 New words

- 一会儿 yíhuìr 잠시
- 忘 wàng 잊어버리다, 망각하다
- 来得及 láidejí 제시간에 도착할 수 있다
- 反义词 fǎnyìcí 반의어
- 来不及 láibují 제시간에 도착할 수 없다
- 聪明 cōngmíng 똑똑하다, 총명하다
- 赶紧 gǎnjǐn 빨리, 서둘러서
- 不然 bùrán 그렇지 않으면

꼼꼼 강의 노트

① 你一会儿不是有课吗?
Nǐ yíhuìr búshì yǒu kè ma?
너 조금 있다가 수업 있잖아?

一会儿은 '잠시, 잠깐 동안'이라는 뜻으로 짧은 시간을 가리킵니다.

    等一会儿 잠시 기다리다

    有课 수업이 있다   没有课 수업이 없다

② 几点的课? 现在不晚吗?
Jǐ diǎn de kè? Xiànzài bù wǎn ma?
몇 시 수업인데? 지금 안 늦었어?

＊ 숫자를 나타내는 지시대사 '几'

대개 10 이하의 작은 숫자나, 연도, 날짜, 요일 등 구체적으로 표시할 수 있는 수를 물을 때 사용합니다.

    几本书 몇 권의 책   几个人 몇 명의 사람

    十几岁的孩子 열 몇 살 가량의 애

    今天几月几号? 오늘 몇 월 몇 일이지?

③ 没事, 还来得及。
Méishì, hái láidejí.
괜찮아, 아직 제시간에 갈수 있어.

没事는 관용적인 표현으로 '대수롭지 않다, 괜찮다, 상관없다'의 뜻이죠. 来得及는 가능보어 구문으로 '시간에 댈 수 있다' '시간 여유가 있다'는 관용 표현입니다.

④ "Láideji" shì shénme yìsi ya?
"来得及"是什么意思呀?   "来得及"가 무슨 뜻인데?

명사 앞에 써서 사람이나 사물을 묻는 **什么**. 이경우 명사인 **意思**를 수식하기 때문에 형용사적으로 사용되어 '무슨 ~'라는 뜻이 됩니다.
문장 끝에 온 **呀**는 어기 조사로 의문의 어기를 강하게 해 주며 구어의 어감을 높여 줍니다.

⑤ Wǒ zhīdao le, "láibují" jiùshì 'méiyǒu shíjiān' de yìsi, duì ba?
我知道了,"来不及"就是'没有时间'的意思, 对吧?
알았어. "来得及"는 바로 '시간이 없다'는 뜻이지?

이때의 **吧**는 상대방의 동의를 구하는 어기를 나타냅니다.

  他还在家吧?   그는 아직도 집에 있겠지요?

  你不会不知道吧?   너는 설마 모르지는 않겠지?

⑥ Duì, Nǐ zhēn cōngmíng! Wǒ děi gǎnjǐn zǒule, bùrán jiù láibují le.
对,你真聪明! 我得赶紧走了,不然就来不及了。
맞아, 너 정말 똑똑하구나! 난 서둘러 가야겠다, 안 그러면 늦겠어.

능원동사 **得**는 '~해야만 한다'는 뜻이죠.
이 문장에서는 어기조사 **了**의 다양한 의미를 볼 수 있는데요,
我得赶紧走了의 문장 끝에 붙은 **了**는 어기 조사로 '가겠다'는 단정적인 의미를 나타내고,
不然就来不及了의 **了**는 앞에 나온 부사 '**就**'와 함께 쓰여서, 어떤 조건 아래 모종의 상황이 출현함을 표시합니다.

  我走了!   나 간다! (지금 떠난다는 의미)

  你不走, 就我也不走了。 당신이 가지 않으면 나 역시 가지 않겠어요.

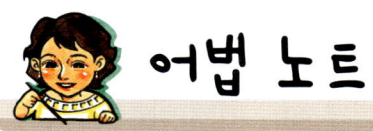

어법 노트

1 不是~吗?

직역을 하자면 "~이 아닙니까?"로 반문의 표현이지만, 보통 "~(이)잖아요?"로 해석하면 자연스럽습니다. 자신의 말을 상대에게 확인시키는 어투입니다.

今天不是星期天吗?

请问, 您不是金老师吗?

他不是韩国留学生吗?

2 来得及[来不及]

'제시간에 도착할 수 있다[없다]'는 의미로 가능보어 문형입니다.

电影是七点开演，你马上去还**来得及**。

你几点上课？
八点上课，**来得及**，不用担心。

五分钟后列车就要开了，
你现在出发已经**来不及**了。

生词 New words

| 开演 kāi yǎn 영화를 상영하다 | 马上 mǎshàng 바로, 곧 | 担心 dānxīn 걱정하다 |

 # 어법 연습

* 그림을 보고, 보기의 대화문을 참고하여 대화를 완성해 보세요.

1 보기
问: 你不是喜欢李小姐吗?
答: 我喜欢她, 不过, 不爱她。

①

[王老师]

问:

答: 是啊, 金先生, 好久不见!

②

[东东]

问:

答: 对不起, 我不是东东。

2 보기
A: 下午3点有课。没迟到吗?
B: 没事, 还来得及。

①

A: 你现在不晚吗?

B: _____

②

A: 你怎么还在家? 不晚吗?

B: _____

161

어조 및 어감

이번 과에서 배운 [不是~吗?] 의문문이지만, 확인의 어기가 강하기 때문에 끝을 올리지 않고 내린다.

① 你一会儿不是有课吗？ ↓
② 你不是要去小王家吗？ ↓

Yīshēng 医生	Nǐ hǎo, qǐng zuò ba. 你好，请坐吧。	의사 안녕하세요? 앉으세요.
Bìngrén 病人	Nǐ hǎo, yīshēng. 你好，医生。	환자 안녕하세요? 의사 선생님.
Yīshēng 医生	Nín nǎr bù shūfu? 您哪儿不舒服？	의사 어디가 편찮으세요?
Bìngrén 病人	Wǒ yìzhí tóuténg, fāshāo. 我一直头疼，发烧。	환자 계속 두통이 있고 열이 나요.
Yīshēng 医生	Cóng shénme shíhòu kāishǐ de? 从什么时候开始的？	의사 언제부터 시작되었죠?
Bìngrén 病人	Zuótiān wǎnshang. 昨天晚上。	환자 어제 저녁부터입니다.
Yīshēng 医生	Késou liú bítì ma? 咳嗽流鼻涕吗？	의사 기침 콧물이 나오나요?
Bìngrén 病人	bízi bú tài tōngqì. 鼻子不太通气。	환자 코가 막혔어요.
Yīshēng 医生	Méi shì, shì gǎnmào, wǒ gěi nín kāidiǎnr yào, àn shí chī érqiě yào duō hē shuǐ, zhùyì bǎonuǎn, guò jǐtiān jiù huì hǎo le. 没事，是感冒，我给您开点儿药，按时吃，而且要多喝水，注意保暖，过几天就会好了。	의사 괜찮습니다. 감기에요. 약을 처방해 드릴테니 시간 맞춰 드세요. 그리고 물을 많이 드세요. 몸을 따뜻하게 하시구요. 며칠 지나면 좋아질 겁니다.
Bìngrén 病人	Xièxie nín. 谢谢您。	환자 감사합니다.

문형 연습

1 그림을 보고, 보기를 참고하여 질문을 만들어 보세요.

> 보기: 问：你不是<u>要去打电话</u>吗？

① 　　A: 你不是＿＿＿＿＿＿吗？

② 　　A: 你不是＿＿＿＿＿＿吗？

2 어순에 맞게 다시 써 보세요.

① 来不及　他　上课　去　已经　了

② 不是~吗　妈妈　给　每天　你　做　早饭

③ 七点　电影　来得及　开演　还　现在

④ 让　医生　我　喝水　多　休息　多

듣고 쓰는 연습문제

1 녹음을 잘 듣고, 아래의 질문에 답해 보세요.

① 你觉得这是在哪儿的对话？

_____

② 什么时候期中考试？

_____

③ 一个同学以为什么？

_____

④ 老师说时间来得及吗？

_____

2 다음 중국어 대화문을 들으면서 빈 곳을 완성하세요.

① 老师，_____下下周_____？

② 再说一次，_____下周_____大下周。

③ 别担心，还_____这周好好_____的话，没问题的。

중국어 바다에서 헤엄치기

● 학습목표
1. 被자문 / 把자문
2. 来得及 / 来不及

准备考试。

<small>Dōngdong jiāo le wǒ yí ge yǒuyìside cí "láideji",</small>
东东教了我一个有意思的词"来得及",
동동은 나에게 재밌는 단어 "来得及"를 가르쳐 주었는데,

<small>fǎnyìcí shì "láibují".</small>
反义词是"来不及"。
반대말은 "来不及"이다.

'중국어 바다에서 헤엄치기'에서는 지난 과에서 배운 내용을 활용하여 장문을 해석하고, 이에 따른 다양한 표현 방법을 익혀봅니다.

 娜英的日记(나영의 일기)

<small>Zuìjìn wǒ zài nǔlì de xuéxí Hànyǔ,</small>
最近我在努力地学习汉语,

<small>Wǒ jīngcháng hé Dōngdong yìqǐ qù túshūguǎn xuéxí. Yǒushí,</small>
我经常和东东一起去图书馆学习。有时,

<small>Wǒ jiè Dōngdong de shū kàn. Yǒu yìtiān, wǒmen yìqǐ xuéxí shí,</small>
我借东东的书看。有一天,我们一起学习时,

<small>Dōngdong jiāo le wǒ yí ge yǒuyìsi de cí "láidejí",</small>
东东教了我一个有意思的词"来得及",

<small>Shì háiyǒu shíjiān, bù zháojí de yìsi, fǎnyìcí shì "láibují",</small>
是还有时间,不着急的意思,反义词是"来不及"。

<small>Wǒ hěn xǐhuan hé wǒ de Zhōngguó péngyǒumen zài yìqǐ,</small>
我很喜欢和我的中国朋友们在一起,

<small>jīngcháng huì xuédào yìxiē hěn shíyòng de cí. Xiàzhōu jiùshì qīmò kǎoshì le,</small>
经常会学到一些很实用的词。下周就是期末考试了,

<small>Wǒ zài bú fùxí de huà, jiù zhēn láibují le.</small>
我再不复习的话,就真来不及了。

<small>Língling yě bǎ cídiǎn hé cídài gěi wǒ le, wǒ děi duō tīng cídài,</small>
玲玲也把词典和磁带给我了,我得多听磁带,

<small>duō kàn shū, duō chá cídiǎn, hǎohāor de zhǔnbèi kǎoshì.</small>
多看书,多查词典,好好儿地准备考试。

生词 New words

努力 nǔlì 노력하다, 힘쓰다 / 노력
着急 zháojí 조급해하다, 초조해 하다　*着什么急呢？ 뭘 그리 안달이냐?
经常 zhēnde 자주, 항상　　实用 dǎ chē 실용(적이다)
查 dīshì 찾아보다, 들추어 보다
*查地图 지도를 찾아보다 / 查词典 사전을 찾아보다 / 查资料 자료를 찾아보다
再不 qīnqiè 그렇지 않으면
*你快走,再不来不及。 빨리 가지 않으면 제시간에 도착하지 못할 거야.

 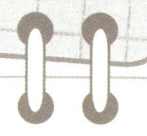

쉬어가기 코너

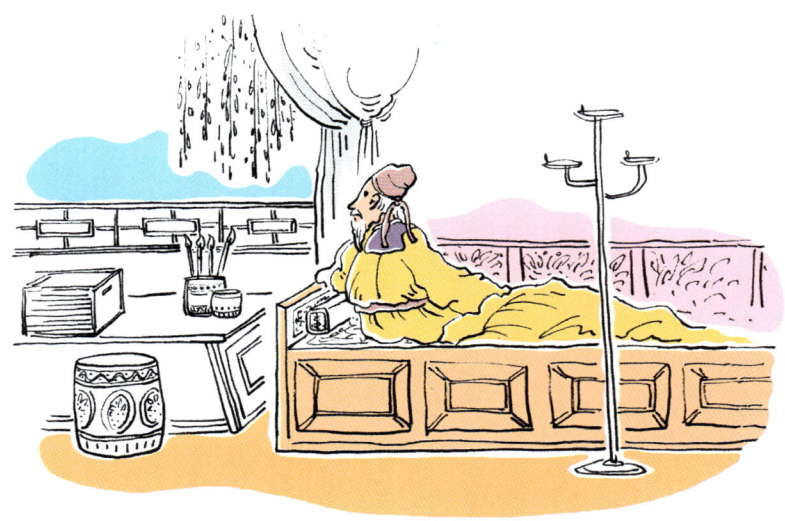

静夜思

— 李白 —

Chuáng qián míngyuè guāng, yí shì dì shàng shuāng.
床前明月光,疑是地上霜。
침상 앞 달빛이 비취니, 땅 위에 서리인 듯하다

jǔ tóu wàng míngyuè, dī tóu sī gùxiāng.
举头望明月,低头思故乡。
고개를 들어 달을 생각하고, 고개를 숙여 고향을 생각한다.

새단어

床 chuáng 침대, 침상　　明月 míngyuè 밝은 달, 보름달
疑是 yíshì ~인 듯 하다　　霜 shuāng 서리　　举头 jǔ tóu 고개를 들다
望 wàng 생각한다　　低头 dī tóu 고개를 숙이다　　故乡 gùxiāng 고향

어법 노트

1 『감탄사』의 종류

(1) **啊** ǎ

허어. 저런. 어머나. 이런. [의아함을 나타냄]

啊, 你怎么又回来了? 저런, 너 어째서 또 돌아온 거야?

(2) **啊** à

① (비교적 짧게 발음하여) 승낙의 뜻을 나타냄.

啊, 好吧。 그래 좋아.

② (길게 발음하여) 명백하게 알았다는 뜻을 나타냄.

啊, 我知道了。

(3) **呀** yā

야! 야. [놀람을 나타냄]

呀, 你又来了? 야! 너 또 왔니?

(4) **哇** wà

야! 와! 어머! [뜻밖의 놀람을 나타낼 때 단독으로 쓰이는 감탄사]

哇! 好大的船! 와! 정말 큰 배다!

(5) **哎** āi

아이. 아이고. [의외·의아·불만 따위의 기분을 나타냄]

哎! 他怎么能对你这么说呢?
아니! 그가 어떻게 네게 이렇게 말할 수 있니?

(6) **哎哟** āiyō

아야! 어머나! 어이구! 아이고! [놀람·고통·안타까움 따위를 나타냄]

哎哟! 都中午了。 아니, 벌써 정오가 되었네.

  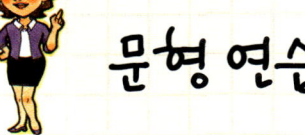

1 어순에 맞게 단어를 배열하여 문장을 만들어 보세요.

① 东东　我　汉语书　把　借来　了

_____

② 学习　我　得　了　来不及　不然　就

_____

③ 喜欢　在一起　和　中国朋友　学习　我

_____

④ 玲玲　磁带　词典　和　把　给　我　了

_____

2 틀리거나 어색한 부분을 고쳐 보세요.

① 东东教我一个有意思的词"来不及"了。_____

② 我的汉语书把他借去了。_____

③ 苹果把我给吃了。_____

④ 来不及了我去上课。_____

3 맞는 단어를 골라 빈 칸을 채워 보세요.

| 보기 | 来不及　　不是~吗?　　把~给　　被~给 |

① 爸爸今天_____出差了_____?

② 再不起床，上学就_____。

③ 蚊子_____我_____打死了。

④ 我_____钱_____花了。

듣고 쓰는 연습문제

1 녹음을 잘 듣고, 질문에 대한 답을 써 보세요.

① 这是发生在什么地方的对话?
___

② 病人从什么时候开始胃不舒服的?
___

③ 病人有没有拉肚子?
___

④ 医生建议他怎样吃药?
___

2 녹음을 잘 듣고, 다음 빈칸을 채우세요.

① 昨天吃了很多，米饭_____，肉_____菜_____。

② 还喝了点_____。

③ 是消化不良，我给你_____点药。

정답 및 번역

정답

▶ **第一课**

어법연습

1. 我要喝咖啡。/ 我要喝茶。/ 我要喝可乐。/ 我要喝 汽水儿。
2. 我要买西装。/ 我要买 皮鞋。/ 我要买 腰带。/ 我要买 袜子。
3. 我要去饭店吃饭。/ 我要去家吃饭。
4. 我要早上8点出发。/ 我要 明天出发。/ 我要下个星期五出发。

문형연습

1. ① 走着去可以到。(走着去: 걸어서 가다, 동사 着 + 동사 : ~하면서 ~하다)
   ② 坐出租车可以到。
   ③ 坐火车去可以到。
   ④ 坐飞机去可以到。

2. ① 从学校到商店怎么走?
   ② 他要去书店。
   ③ 我想学习汉语。
   ④ 我们明天爬山怎么样?
   ⑤ 从韩国到北京很远。

듣고 쓰는 연습문제

1. 녹음원문
   宝宝: 青青, 你去哪儿?
   青青: 我去书店买书。
   宝宝: 正好, 我也要去书店, 一起去吧。
   青青: 可是我不知道从这儿到书店怎么走? 你知道吗?
   宝宝: 我也不知道, 前边有个公车站, 我们去看看吧。
   青青: 好的。
   답 ① 宝宝和青青要去书店。
      ② 她不知道怎么去书店。
      ③ 宝宝也不知道。
      ④ 他们想去公共汽车站看看。

2. 녹음원문
   宝宝: 青青, 你去哪儿?
   青青: 我要去书店买韩语书, 我想学韩语。
   宝宝: 正好, 我也要去书店, 我们一起去吧。
   青青: 可是, 我不知道从这儿到书店怎么走。
   宝宝: 我们去前边的公车站看看吧。
   답 书店, 一起, 从, 到, 前边

▶ **第二课**

어법연습

1. 他会回来吗? 他不会回来吗?
2. 她不会参加晚会。她不会参加晚会吗?
3. 他不会做菜。他不会做菜吗?
4. 他不会讲价。他不会讲价吗?

문형연습

1. ① 从明天起我要找工作。
   ② 从明天起我要爬山。
   ③ 从明天起我要学游泳。
   ④ 从明天起我要认真学习。

2. ① 从现在起认真学习。
   ② 他不会说汉语。
   ③ 李明会英语吗?
   ④ 我从明天开始减肥。
   ⑤ 周末我们要爬山。

듣고 쓰는 연습문제

1. 녹음원문
   青青: 娜英, 你在做什么?
   娜英: 我在听汉语磁带。
   青青: 从什么时候开始听汉语磁带的?
   娜英: 从昨天开始的。老师说这样汉语会很快进步。
   青青: 对, 学汉语要多听。
   답 ① 娜英在听汉语磁带。
      ② 从昨天开始的。
      ③ 老师说多听磁带会很快进步。
      ④ 学汉语要多听。

2. 녹음원문
   青青: 娜英, 你在做什么?
   娜英: 我在听 汉语磁带。
   青青: 你学习好 认真啊!
   娜英: 我要从今天开始多听, 练习听力。

172

青青: 对,这样做汉语会很快进步的。
🔲 汉语磁带　认真　从　开始　会

▶ **第三课**

문형연습

1. ① 我很喜欢去图书馆。
   ② 我有两个中国朋友。
   ③ 学习汉语要多听多说。
   ④ 我要从现在起学习汉语。

2. ① 你家在哪儿?
   ② 从明天起我学习汉语。
   ③ 宝宝要学习韩语。
   ④ 从学校到我家很近。

3. ① 会　也
   ② 从　到　要
   ③ 很
   ④ 从　起

듣고 쓰는 연습문제

1. 녹음원문
   我叫娜英,是韩国人。我在北京学习汉语。我住在学生宿舍。从宿舍到图书馆很近。我很喜欢去图书馆,那儿有很多书,也有电脑,可以上网。
   我上午上课,中午去学校的食堂吃饭,晚上经常和朋友见面,练习说和听,我的中国朋友,宝宝和青青,帮助我一起练习。老师说学习汉语要多说,多听,才会进步。我从现在起,要每天听一个小时汉语磁带
   汉语很难,也很有意思。
   🔲 ① 她在北京学习汉语。
   ② 因为那儿有很多书,也有电脑,可以上网。
   ③ 她中午去学校的食堂吃饭。
   ④ 她有两个中国朋友。
   ⑤ 她决定从现在起每天听一个小时汉语磁带。

2. 녹음원문
   ① 从我住在学生宿舍。从宿舍到图书馆很近。
   ② 我晚上经常和朋友见面,练习听和说。
   ③ 老师说学习汉语要多说,多听,才会进步。

④ 我从现在起,要每天听一个小时汉语磁带
⑤ 汉语很难,也很有意思。
🔲 ① 从　到　② 经常
③ 多说　多听　④ 从　起
⑤ 也

▶ **第四课**

어법연습

1. 他六点前能回来吗?　他不能回来。
   他能回来。
2. 你能帮助我吗?　我能帮助你。
3. 这个电影,孩子能看吗?　能看。
4. 现在进去能看他吗?　不能看他。

문형연습

2. ① 从你能和我一起去吗?
   ② 他因为跳舞所以高兴。
   ③ 我们明天一起去爬山吧。
   ④ 下周小王能不能来上课?
   ⑤ 我因为很胖所以要减肥。

듣고 쓰는 연습문제

1. 녹음원문
   宝宝: 听说王老师住院了。
   娜英: 是吗? 什么病?
   宝宝: 因为太累,所以晕倒了。
   娜英: 听说她经常工作到很晚。
   宝宝: 她是个非常认真的老师。
   　　　下午,你能和我一起去看看她吗?
   娜英: 好啊,我们一起去吧。
   🔲 ① 王老师住院了。
   ② 因为太累晕倒了。
   ③ 宝宝说王老师是位非常认真的老师。
   ④ 她们要一起去医院看王老师。

2. 녹음원문
   宝宝: 娜英,你下午有时间 吗?
   娜英: 有什么事吗?
   宝宝: 听说王老师因为生病,所以住院了。
   　　　我想去看看她,你能和我一起去吗?
   娜英: 当然可以。王老师病严重吗?
   宝宝: 好像不太重,听说因为 过度疲劳,晕倒了。

173

🔒 时间　因为　所以　能　严重　因为

▶ 제五课

어법연습

1. 你得回家做饭。
2. 你得 每天学习两个小时汉语。
3. 你得 给朋友写信。
4. 你得给他打个电话。

문형연습

2. ① 我跟他一样喜欢吃苹果。
   ② 宝宝跟佳佳一样高。
   ③ 学生得努力学习。
   ④ 明天我得去看老师。
   ⑤ 中国菜非常好吃。

듣고 쓰는 연습문제

1. 녹음원문
   宝宝：佳佳，娜英说你们昨天吃的菜很好吃。是什么菜啊？
   佳佳：是香辣牛肉。昨天我跟娜英一样，想吃辣的，所以点了这个。
   宝宝：昨天因为得照顾妹妹，所以没和你们一起去。
   佳佳：没关系，宝宝，下次我们一起去吧。
   宝宝：好的。
   🔒 ① 宝宝没去。
   ② 佳佳跟娜英一样，想吃辣的。
   ③ 宝宝因为得照顾妹妹所以没去。
   ④ 有。

2. 녹음원문
   A：你想吃什么？
   B：我想吃辣的。你呢？
   A：我也跟你一样，想吃辣的。
   B：那，我们点香辣牛肉吧。
   A：好的。服务员，来个香辣牛肉吧。
   C：这个得等10分钟。可以吗？
   A：没关系，就来这个吧，再来一个鸡蛋汤，两碗米饭。
   C：好的，请稍等。
   🔒 辣的　跟　一样　辣的　点　来　得

▶ 제六课

문형연습

1. ① 王老师因为生病所以住院了。
   ② 他是学生，得上学。
   ③ 这本书跟那本书一样。
   ④ 这件事小李能帮助我们。

2. ① 他因为感冒，所以没来上学。
   ② 我跟妈妈一样喜欢看书。
   ③ 王老师要求我们得交作业。
   ④ 他会游泳，能游300米。

3. ① 得　　　　② 因为　所以
   ③ 跟　一样　　④ 能

듣고 쓰는 연습문제

1. 녹음원문
   我是娜英，最近教我们语法的王老师住院了，我们都很担心她，听说她因为太累，所以晕倒了。宝宝问："我星期三下午有没有时间？能不能和她一起去医院看王老师？"我答应了，我们一起去医院看王老师的时候，她的脸色不太好，医生说得多休息。
   王老师讲课非常好。因为年纪跟我妈妈一样，所以我特别喜欢她，希望她能快点康复。
   🔒 ① 宝宝
   ② 星期三下午
   ③ 王老师的脸色不太好，医生说得多休息。
   ④ 王老师讲得非常好。
   ⑤ 因为王老师年纪跟她妈妈一样。

2. 녹음원문
   ① 听说她因为太累，所以晕倒了。
   ② 她的脸色不太好，医生说得多休息。
   ③ 王老师因为年纪跟我妈妈一样，所以我特别喜欢她。
   ④ 希望她能快点康复。
   🔒 ① 因为　所以　　② 脸色　得
   ③ 跟　一样　特别　④ 能

▶ 제七课

어법연습

1. 香辣牛肉既好吃又便宜。

/香辣牛肉一点儿也不便宜。
2. 这件大衣 既保温又防风 。
　　/这件大衣一点儿也不保暖。
3. 这孩子既陶器又聪明。

문형연습

2. ① 我们的老师既认真又严格。
　　② 我一点也不喜欢喝可乐。
　　③ 冬天的北京非常漂亮。
　　④ 这件大衣多少钱?
　　⑤ 宝宝既会英语又会韩语。

듣고 쓰는 연습문제

1. 녹음원문
　　娜英：宝宝，你周末有时间吗?
　　宝宝：有什么事吗? 娜英。
　　娜英：听说北京的冬天很冷，我想买一件大
　　　　　衣。你能跟我一起去吗?
　　宝宝：行，你想买件什么样的?
　　娜英：既漂亮又保暖的。
　　宝宝：这不难，我们周末一起去看看吧。
　　　① 娜英
　　　② 因为听说北京的冬天很冷。
　　　③ 既漂亮又保暖的。
　　　④ 她们约定周末去买大衣。

2. 녹음원문
　　A：听说北京的冬天很冷，我想买一件大衣。
　　B：行，你想买件什么样的?
　　A：既漂亮又保暖的。
　　B：我们周末一起去看看吧。
　　　听说　很冷　件　既　又　周末

▶ 第八课

어법연습

1. 这件上衣太大，好像大衣似的。
2. 他们俩好像老朋友似的。
3. 他的手艺好像厨师似的。
4. 听他的口音好像韩国人似的。

문형연습

2. ① 老师好像妈妈似的。
　　② 她的眼睛好像湖水似的。

　　③ 我非常喜欢吃北京的小吃。
　　④ 小王在这儿工作才两个月。

듣고 쓰는 연습문제

1. 녹음원문
　　娜英：去王府井。
　　司机：好的，请上车吧。
　　娜英：您每天工作很辛苦吧?
　　司机：是呀，10个小时一直坐着，很累啊。
　　娜英：您结婚了吧?
　　司机：结了，儿子才5岁，说话好像大人似的，
　　　　　非常有意思。
　　娜英：看来您很幸福啊。
　　司机：嗯，想到儿子就不累了。
　　　① 出租车上。
　　　② 司机一天要工作10个小时。
　　　③ 5岁了。
　　　④ 因为他说话好像大人似的。

2. 녹음원문
　　① 您工作很辛苦吧?
　　② 一直坐着，很累啊。
　　③ 我儿子才5岁，说话好象大人似的，非常
　　　 有意思。
　　　① 辛苦
　　　② 一直
　　　③ 才5岁　好像　似的

▶ 第九课

문형연습

1. ① 北京的小吃既好吃又便宜。
　　② 商业街卖各种纪念品。
　　③ 王府井好像明洞似的。
　　④ 我才花了五十块钱。

2. ① 听说北京的冬天一点儿也不冷。
　　② 我吃了很多花了50块钱。
　　③ 大衣既暖和，又防风。
　　④ 王府井好像明洞似的。

3. ① 一点也不　　　② 好像　似的
　　③ 既　又　　　　④ 才

듣고 쓰는 연습문제

175

1. 녹음원문
   北京现在是冬天,很冷.听说二月份会更冷,所以,我去百货商店买了一件既暖和又防风的大衣,真的一点也不冷。
   周末,我去了王府井。王府井好像韩国的明洞似的,很热闹,既有非常大的百货商店,又有商业街,卖各种纪念品。卖东西的人会说好几个国家的语言,我非常吃惊。
   在王府井我吃了很多小吃,才花了五十块钱。真是既便宜,又好吃。
   这一周,我过得很愉快。
   ① 听说二月份会更冷。
   ② 我买的大衣既暖和又防风。
   ③ 王府井卖东西的人会说好几个国家的语言。
   ④ 卖各种纪念品。
   ⑤ 花了五十块钱。

2. 녹음원문
   ① 王府井好像 韩国的明洞似的,很热闹。
   ② 王府井既有非常大的百货商店,又有商业街。
   ③ 王府井卖各种纪念品。
   ④ 王府井的小吃既便宜,又好吃。
   好像 热闹 百货商店 商业街
   纪念品 便宜 好吃

▶ 第一课

어법연습

1. 他会回来吗? 他不会回来吗?
2. 除了可乐以外,都想喝。
3. 除了睡觉以外,都想做。
4. 除了中午以外,都有空。

문형연습

2. ① 长城多漂亮啊!
   ② 今天除了语法课以外没别的课。
   ③ 这电影多好看啊!
   ④ 我周末除了睡觉以外不想做别的。

듣고 쓰는 연습문제

1. 녹음원문
   玲玲: 东东,刚才的电影怎么样?
   东东: 太精彩了,除了成龙以外,我觉得没人能演这么惊险的电影。
   玲玲: 你真是个成龙迷。
   东东: 他从楼上跳下来的场面,多惊险啊。
   玲玲: 那倒是,成龙的功夫很棒。
   东东: 玲玲,谢谢你请我看电影。我们去吃饭吧,我请客。
   ① 他们一起去看电影了。
   ② 玲玲说东东是个成龙迷。
   ③ 她说成龙的功夫很棒。
   ④ 他要请玲玲去吃饭。

2. 녹음원문
   ① 太精彩了,除了成龙以外,我觉得没人能演这么惊险的电影。
   ② 你真是个成龙迷。
   ③ 我们去吃饭吧,我请客。
   ① 除了 以外 这么
   ② 迷
   ③ 请客

▶ 第二课

어법연습

1. ① 对我来说,很容易。
   ② 对韩国人来说,写汉字一点儿也不难。

2. ① 你可以去公园玩儿,但是到六点一定要回家。
   ② 他是韩国人,但是不能吃辣的。

문형연습

2. ① 对我来说妈妈最重要。
   ② 对学生来说学习最重要。
   ③ 我也想学第二外语。
   ④ 他不聪明但是学习很好。

듣고 쓰는 연습문제

1. 녹음원문
   玲玲: 最近很多人都学习第二外语。
   东东: 是啊,对现在的学生来说,只学一门外语不行。
   玲玲: 学生们的压力真大啊。

176

东东：但是，对找工作很有帮助。
玲玲：嗯，所以我也想学第二外语。
东东：我们一起学法语怎么样？
🔑 ① 最近很多人都在学习第二外语。
② 不是，学生们压力真大啊。
③ 学第二外语对找工作很有帮助。
④ 他们想学法语。

2. 녹음원문
① 对现在的学生来说，只学一门外语不行。
② 学生们的压力多大啊。
③ 对找工作很有帮助。
🔑 ① 对　　来说
② 压力真大
③ 帮助

▶ 第三课

문형연습

1. ① 新学期我想学习法语。
② 东东除了看电视以外什么都不做。
③ 妈妈对我来说好像朋友似的。
④ 这个字多难写啊！

2. ① 除了我以外，大家都去。
② 他回家，我也想回家。
③ 水对人类来说，是不可缺少的。
④ 我从明天起开始减肥。
⑤ 这座山多高啊！

3. ① 对　　来说。　　② 多
③ 除了　以外　　④ 但是

듣고 쓰는 연습문제

1. 녹음원문
暑假结束了，又开学了！
因为有玲玲，所以这个假期我过得很愉快。开始每天除了上网以外，没事情做。后来，玲玲说：“每天上网多累啊！和我一起去看看电影，游游泳吧！”所以我就经常和她一起去看电影，游泳，还看了我最喜欢的成龙的电影。新学期，对我来说，学习压力很大，但是我想选一门选修课。现在的社会要求太高，只会一门外语找工作很难，所以我想学法语。我和玲玲一起去老师办公室报名了，她也要学法语。

🔑 ① 他放假开始时，每天除了上网以外没事情做。
② 后来和玲玲一起去看电影，游泳。
③ 东东最喜欢成龙的电影。
④ 他们要学法语。
⑤ 因为现在的社会要求太高，只会一门外语找工作很难。

2. 녹음원문
① 因为有玲玲，所以这个假期我过得很愉快。
② 每天除了上网以外，没事情做。
③ 对我来说，学习压力很大。
④ 我和玲玲一起去老师的办公室报名了，她也要学法语。
🔑 ① 因为　所以　　② 除了　以外
③ 对　　来说　　④ 报名

▶ 第四课

어법연습

1. 我不是日本人，而是中国人。
2. 他不是我的爱人，而是我妹妹的爱人。
3. 我就会做拉面。
4. 那就是我家。

문형연습

2. ① 这不是汽车，而是火车。
② 红色衣服不是我的，而是他的。
③ 就剩这一个了。
④ 就他没来参加晚会。

듣고 쓰는 연습문제

1. 녹음원문
A：你好，我叫娜英，认识你很高兴。
B：认识你我也很高兴，我叫东东。你是日本人吗？
A：我不是日本人，而是韩国人。
B：你今年多大了？
A：我今年20岁。
B：你有弟兄姐妹吗？
A：我就有一个弟弟。
🔑 ① 东东。
② 不是，她是韩国人。
③ 20岁。

177

④ 她就有一个弟弟。
2. 녹음원문
① 我不是日本人, 而是韩国人。
② 就有一个弟弟。
③ 认识你很高兴。
🔑 ① 日本人 韩国人
② 就 弟弟
③ 认识

▸第五课

어법연습

1. ① 因为学习跳舞不但交朋友, 而且锻炼身体。
② 因为学习第二语不但 好找工作, 而且去国外旅行时很有帮助。

2. ① 我会做拉面什么的。
② 我喜欢看小说, 诗什么的。

문형연습

1. ① 娜英不但唱得好, 而且跳得很好。
② 东东不但游泳游得很好, 而且打棒球打得非常好。

2. ① 我想吃点水果什么的。
② 爸爸不但爱吃饺子而且会做。
③ 学生要学习语文什么的。
④ 我从明天起开始减肥。
⑤ 太阳不但发光而且发热。

듣고 쓰는 연습문제

1. 녹음원문
东东: 娜英, 你昨天学校的舞会参加了没有?
娜英: 参加了, 东东, 你怎么知道?
东东: 我也去了, 不过晚去了一会儿。
娜英: 人太多了, 没看到你。
东东: 昨天舞会有意思吗?
娜英: 太有意思了, 我不但认识了很多好朋友, 而且看了很多表演。
东东: 嗯, 还有水果啊什么的也非常好吃。
娜英: 是呀, 中国的舞会真热闹啊!
🔑 ① 去了。
② 不, 他晚去了一会儿。
③ 她不但认识了很多朋友而且看了很多

表演。
④ 有水果啊什么的。

2. 녹음원문
① 娜英, 你昨天学校的舞会参加了没有?
② 我也去了, 不过晚了一会儿。
③ 太有意思了, 我不但认识了很多好朋友, 而且看了很多表演。
④ 中国的舞会真热闹啊!
🔑 ① 没有   ② 晚去
③ 认识 表演   ④ 热闹

▸第六课

문형연습

1. ① 他以为我不是韩国人, 而是日本人。
② 我昨天参加了学校的舞会。
③ 我不但认识了很多朋友而且看表演了。
④ 这样的全校舞会一年就一次。

2. ① 他不但学习好, 而且会唱歌。
② 妈妈就我一个女儿。
③ 他不是小王, 而是小张。
④ 新年时大家带来很多水果什么的。

3. ① 不是 而是   ② 就
③ 不但 而且   ④ 什么的

듣고 쓰는 연습문제

1. 녹음원문
娜英: 玲玲, 你昨天舞跳得真好!
玲玲: 谢谢! 你怎么没跳舞啊?
娜英: 我不会跳舞。
玲玲: 是吗? 那你昨天做什么了?
娜英: 我不但看了大家表演, 而且认识了几个朋友。
玲玲: 哇, 不错。
娜英: 而且他们约我周末一起去爬山。你也一起去吧!
玲玲: 真对不起, 周末我有事。
🔑 ① 她们昨天参加了学校的舞会。
② 娜英说她不会跳舞。
③ 她不但看了大家表演, 而且认识了几个朋友。
④ 不, 玲玲周末有事不能去。

178

2. 녹음원문
   ① 玲玲,你昨天舞跳得真好。
   ② 我不但看了大家表演,而且认识了几个朋友。
   ③ 他们约我周末一起去爬山。
   　① 真好
   　② 表演　认识
   　③ 一起去

▶ 第七课

어법연습

1. 他把 磁碟片给我了。
2. 因为他没有钱,所以我把这笔钱给他。
3. 你的帽子被你弟弟给拿去了。
4. 那棵树被大风给刮到了。

문형연습

2. ① 姐姐把我们的电视机给拿走了。
   ② 妈妈把这本书看完了。
   ③ 东东被老师给批评了。
   ④ 这杯水被你弟弟给喝了。

듣고 쓰는 연습문제

1. 녹음원문
   玲玲：娜英,你在做什么?
   娜英：我正在找汉语磁带,想听一会儿。
   玲玲：正好,我带来了一盘儿,你听听吧。
   娜英：好啊。
   玲玲：我把它借给你,你慢慢听吧。
   娜英：你真好,谢谢你,玲玲。
   玲玲：不客气,那一会儿我们一起去吃饭吧。
   娜英：好的。
   　① 她在找汉语磁带。
   　② 她拿来了一盘儿汉语磁带。
   　③ 没有,她说可以慢慢儿听。
   　④ 她们要一起去吃饭。

2. 녹음원문
   ① 姐我正在找 汉语磁带,想听 一会儿 。
   ② 我 把它借 给 你,你慢慢听吧。
   ③ 你真好,谢谢你玲玲。
   ④ 不客气,那我们一会儿一起去吃饭吧。
   　① 汉语磁带　　一会儿

   ② 把　　给
   ③ 你真好
   ④ 不客气,吃饭

▶ 第八课

어법연습

1. ① 你不是王老师吗?
   ② 你不是东东吗?

2. ① 没事,还有五分钟,来得及。
   ② 现在马上出发还来得及,您不用担心。

문형연습

1. ① 你不是想去看电影吗?
   ② 你不是想去游泳吗?

2. ① 他去上课已经来不及了。
   ② 妈妈不是每天给你做早饭吗?
   ③ 电影七点开演,现在还来得及。
   ④ 医生让我多喝水多休息。

듣고 쓰는 연습문제

1. 녹음원문
   老师：同学们好!
   学生：老师好!
   老师：下周要进行期中考试,大家准备得怎么样?
   学生：老师,不是下下周吗?
   老师：再说一次,是下周,不是下下周。
   学生：我还以为是下下周呢,怎么办? 来不及了。
   老师：别担心,还来得及,这周好好儿复习的话,没问题的。
   学生：老师,给我们说说重点吧。
   老师：好吧。
   　① 在教室
   　② 下周
   　③ 别担心,还 来得及,这周好好儿复习的话,没问题的。

2. 녹음원문
   ① 老师,不是下下周 吗?
   ② 再说一次,是 下周 不是 大下周。
   ③ 青青：你学习好 认真啊!
   　① 不是　　吗
   　② 是　　不是

③ 来得及　复习

▶ **제9과**

문형연습

1. ① 我把东东的书借来了。
   ② 我得学习, 不然就来不及了。
   ③ 我喜欢和中国朋友在一起学习。
   ④ 玲玲把磁带和词典给我了。

2. ① 东东教了我一个有意思的词"来不及"。
   ② 我的汉语书被他借去了。
   ③ 我把苹果给吃了。
   ④ 我来不及去上课了。

3. ① 不是　吗　　② 来不及
   ③ 被　给　　　④ 把　给

듣고 쓰는 연습문제

1. 녹음원문
   医生：请坐, 您哪不舒服?
   病人：我的胃不太舒服。
   医生：从什么时候开始的?
   病人：从昨天晚上。
   医生：昨天吃了什么东西?
   病人：昨天吃了很多, 米饭啊, 肉啊菜啊什么的。还喝了点白酒。
   医生：有没有拉肚子的现象?
   病人：没有。
   医生：是消化不良，我给你开点药, 一天三次, 一次两片儿, 饭后吃。很快就会好的。
   病人：谢谢您, 医生。
   답 ① 医院。
   　 ② 从昨天晚上。
   　 ③ 没有。
   　 ④ 一天三次, 一次两片儿, 饭后吃。

2. 녹음원문
   ① 昨天吃了很多, 米饭啊, 肉啊, 菜啊什么的。
   ② 还喝了点白酒。
   ③ 是 消化不良, 我给你开点药。
   답 ① 啊　啊　啊什么的
   　 ② 白酒
   　 ③ 消化　开

본문 번역

▶ 1과

칭칭, 너 어디 가니?
나 서점에 책 사러 가.
너 무슨 책 살 건데?
나 한국어 책 사려구, 나 한국어 배우고 싶거든.
그래? 나도 서점에 가는데, 우리 같이 가자.
여기에서 서점까지 어떻게 가지?
앞에 버스정류장이 있으니, 우리 가서 한번 보자.
좋아.

▶ 2과

나영, 너 뭐 하고 있니?
나 테이프 듣고 있어.
음악이야?
아니, 중국어 테이프야.
너 중국어 공부 정말 열심히 하는 구나!
나 오늘부터 자주 중국어 테잎 들을 거야.
그래, 그렇게 하면 중국어가 매우 빨리 늘 거야.
우리 선생님도 그렇게 말씀하셨어.

▶ 3과

여러분, 안녕하세요? 저는 나영이라고 하구요, 한국인입니다. 저는 북경에서 중국어를 공부합니다. 중국어를 어렵고, 또 재미있어요. 나는 중국어를 무척 좋아하고, 중국도 무척 좋아합니다. 나는 학생 기숙사에 살아요. 기숙사에서 도서관까지는 무척 가깝습니다.
나는 두 명의 중국 친구가 있는데, 바오바오와 칭칭 이에요. 그녀들은 내게 중국어를 가르쳐 주고, 나는 그녀들에게 한국어를 가르쳐 줍니다.
선생님은, 중국어를 공부하려면 많이 듣고, 많이 말하고, 이렇게 해야 중국어가 빨리 진보할 수 있다고 말씀하셨습니다.
나는 지금부터, 매일 한 시간씩 중국어 테이프를 들으려고 합니다. 또한 자주 친구들과 만나서 많이 말하고 많이 들으려고 합니다.
나의 중국에서의 학업 생활은 무척 바쁘고, 또 즐겁습니다.

▶ 4과

나영아, 오후에 나와 함께 병원에 갈 수 있니?
너 어디 아프니?
내가 아니라 왕 선생님이야.
왕선생님이 어떠신데?
왕선생님께서 입원하셨어.
듣자 하니 너무 피곤하셔서 쓰러지셨대.
그래. 심하시니?
잘 모르겠어. 우리가 오후에 같이 가서 뵙자.
좋아.

▶ 5과

너 뭐 먹을래?
난 매운걸 먹고 싶은데, 너는?
나도 너와 같이 매운걸 먹을게
그럼 우리 매운 소고기 볶음 시키자
좋아. 웨이터 소고기 볶음주세요。
10분정도 기다리셔야 하는데 괜찮으세요?
괜찮아요. 이거하구요 계란탕 그리고 밥 두 공기요.
네 잠시 기다리세요.

▶ 6과

(一) 왕선생님이 입원하셨다

저는 나영입니다. 최근에 저희에게 어법을 가르치 던 왕선생님께서 입원을 하셨습니다. 왜냐면 너무 피곤하셔서 쓰러지셨기 때문입니다.
저와 바오바오는 수요일 오후에 병원으로 왕선생님을 문병을 갔습니다.
그녀의 안색은 별로 좋지 않았어요. 의사선생님은 많이 쉬어야 한다고 하셨습니다.
왕선생님은 내가 제일 좋아하는 선생님이며 아주 잘 가르치십니다.
우리엄마와 연세가 같으시기 때문에 나는 특별히

그녀를 좋아합니다. 선생님께서 빨리 회복하기를 바랍니다.

(二) 음식 시키기

어제 나와 지아지아는 함께 식사를 했습니다. 나는 집이 무척 그리워서 매운 것이 먹고 싶었습니다. 지아지아도 나처럼 매운 것을 먹고 싶어했지요. 우리는 매운 소고기 볶음을 주문했는데, 웨이터가 10분을 기다려야 한다고 했어요. 우리는 괜찮다고 말하고, 계란탕 한 그릇과 밥 두 공기도 시켰습니다. 매운 소고기 볶음은 무척 맛있었어요. 나는 중국요리를 참 좋아합니다.

▶ 7과

나영: 이 옷 입어 볼 수 있어요?
점원: 당연하죠. 이건 중사이즈예요. 입으면 맞으실 겁니다.
나영: 색이 약간 진한 것 같은데요.
점원: 조금도 진하지 않아요. 올해 제일 유행하는 색깔인데요.
나영: 그래요? 북경의 겨울은 아주 춥죠? 이 옷 보온도 되나요?
점원: 걱정하지 않으셔도 되요. 이 옷은 보온도 되고 방풍도 됩니다.
나영: 그럼 이 옷으로 할께요.
점원: 네. 포장해 드릴께요.

▶ 8과

나영: 왕푸징으로 갑시다.
기사: 네, 타세요.
나영: 말씀 좀 묻겠습니다. 여기서 왕푸징까지 먼가요?
기사: 그리 멀지 않습니다. 10분정도 걸립니다.
나영: 듣기로는 왕푸징거리의 스낵이 아주 맛있다던데 그런가요?
기사: 그래요. 당신 말을 들으니 외국인 같네요.
나영: 맞아요 저는 한국인 이예요 중국에 온지 이제 5개월 되었어요.
기사: 그럼 중국말을 아주 잘하시네요.

나영: 과찬이세요, 감사합니다.

▶ 9과

나영의 일주일

북경에 온지도 이미 5개월이 지났습니다. 요즘 북경의 날씨가 아주 추워서 나는 백화점에 가서 따뜻하고 방풍이 잘되는 오버코트를 샀습니다.
둘째날 입었는데 정말로 하나도 춥지가 않았습니다.
주말에는 차를 타고 왕푸징에 갔는데 택시기사 아저씨가 아주 친절하였으며 내가 아주 중국어를 잘한다고 칭찬해주셔서 매우 기분이 좋았습니다.
왕푸징은 아주 번화하였고 마치 한국의 명동거리 같았습니다.
아주 큰 백화점도 있었고 상점가도 있어 각종기념품을 팔고 있었습니다.
왕푸징의 먹거리는 아주 많아서 아주 많은 종류를 먹었는데 50원밖에 쓰지 않았습니다. 정말 값이 싸고 맛도 있었습니다.
이번주는 아주 즐겁게 보냈습니다.

▶ 1과

동동, 너 또 인터넷 하고 있어?
방학이야, 인터넷 이외에 다른 일이 없어서.
그래도 매일 인터넷을 하면 얼마나 피곤하겠니.
너는 매일 뭐하니?
나는 어떨 때는 수영을 하고 어떨 때는 영화 봐.
요즘에 좋은 영화가 있니?
듣자하니 내일 성룡의 새로운 영화가 상영된다던데 우리 같이 가서 보면 어떨까?
너무 좋아. 난 성룡의 영화가 제일 좋아.

▶ 2과

선택과목 너 뭐 신청할 거야?

불어를 신청 할 거야.
왜? 너 영어 아주 잘하잖아
하지만, 외국어를 하나 해서는 안 되잖아.
일리가 있네. 현재의 학생으로 말하자면 제2외국어는 아주 중요하지.
취직할 때 도움이 되기도 해
네 말을 들으니 나도 제2외국어를 공부하고 싶은 걸.
우리 같이 불어 공부하자.

▶ 3과

동동 개학하다

방학이 끝나고 개학을 하였다. 이번 방학기간은 아주 재미있게 보냈다.
방학이 시작하고 매일 인터넷을 하는 것 외에는 다른 일이 없었는데, 후에 링링과 함께 영화도 가고 수영장도 가고 내가 제일 좋아하는 성룡의 영화도 보게 되었다.
신학기는 나로 말하자면 학습 스트레스가 아주 크다. 하지만 현재 사회의 요구조건은 얼마나 높은가! 오직 하나의 외국어만 해서는 취직하기가 어렵기 때문에 불어를 공부하려 한다. 링링도 불어를 공부하고 싶어서 우리는 같이 교수님 사무실로 가서 신청을 했다. 다음주에 수업이 시작하는 데 아주 기대가 된다.

▶ 4과

링링: 동동, 여기는 내 친구 나영이야. 지금 중국어를 배우고 있어.
동동: 안녕하세요. 만나서 알게 되어서 반갑습니다.
나영: 알게 되어서 저 역시 반갑습니다.
동동: 일본 사람이세요?
나영: 일본사람이 아니고 한국 사람이예요.
동동: 중국어 진짜 잘 하시네요.
나영: 천만에요, 간단한 말만 좀 할 줄 알아요.
동동: 우리 같이 식사 하러 갑시다. 걸으면서 이야기 하죠.
나영: 좋아요.

▶ 5과

링링: 내일 학교에서 열리는 무도회에 참가하니?
나영: 무도회? 무도회가 뭔데?
링링: 다같이 춤도 추고 하는거.
나영: 나는 춤 못 추는데 어떻게 하지?
링링: 괜찮아, 춤 못 추면 옆에서 구경해도 돼.
나영: 그래?
링링: 시작되면 춤도 출 수 있고 친구도 사귈 수 있어.
나영: 잘 됐네, 내일 꼭 갈게.

▶ 6과

나영: 링링, 너 어제 춤 정말 잘 추더라.
링링: 고마워. 넌 왜 춤을 안 추었니?
나영: 나 춤 못 춰.
링링: 그래? 그럼 너 어제 뭘 했는데?
나영: 난 모두가 춤추는 것도 보고 몇몇의 친구도 알게 되었어.
링링: 와, 정말 좋았네.
나영: 그리고 그들과 주말에 등산가기로 약속했어. 너도 같이 갈 거지?
링링: 정말 미안해. 주말에는 일이 있어.

▶ 7과

동동: 링링, 너 어디 가니?
링링: 나영이 기숙사에 가
동동: 무슨 일 있어?
링링: 이 사전하고 녹음테이프 갖다 주려구
동동: 나도 지금 나영이 찾고 있는데!
링링: 그래? 너 또 왜 나영이 찾는데?
동동: 나영이가 내 중국어 책을 빌려갔어. 내일 그 과목이 있거든
링링: 그럼 우리 같이 가자.

▶ 8과

나영: 너 조금 있다가 수업 있잖아?
동동: 아, 맞아. 잊고 있었어.
나영: 몇 시 수업인데? 늦지 않았어?
동동: 괜찮아, 아직 제 시간에 갈 수 있어.

본문 번역

나영: "来得及"가 무슨 뜻인데?
동동: 아, 来得及는 아직 시간이 있다는 뜻이야. 반대말은 "来不及"이고.
나영: 알았어. "来不及"는 바로 시간이 없다는 뜻이지?
동동: 맞아, 너 정말 똑똑하구나. 나 빨리 가야 해, 그렇지 않으면 늦겠어.

▶ 9과

요즘 나는 중국어를 열심히 공부합니다. 어떨 때는 동동과 함께 도서관에 가서 공부합니다.
어떨 때는 동동의 중국어 책을 빌려서 봅니다.
어느 날 우리가 함께 공부를 할 때 동동은 나에게 아주 재미있는 단어인 来得及를 가르쳐 주었습니다. 뜻은 아직 시간이 있으니 조급해 하지 말라는 뜻이며 반대의 뜻은 来不及입니다.
나는 중국친구들과 함께 있는 것을 아주 좋아하며 항상 실용적인 단어들을 배웁니다.
다음주는 기말고사입니다.
나는 공부를 하지 않으면 정말로 준비를 다 못 할 겁니다.
링링은 나에게 사전과 테이프를 빌려주었고 나는 반드시 테이프를 많이 듣고 책을 많이 보고 사전을 많이 찾아서 준비를 잘 해야겠습니다.